수달은 자기 💩으로 말하지?

iidle@curiosityfile is a series of books which embraces almost everything in the world that the children are curious about. All things in this world are new and mysterious to children and are the object of their exploration. Great discoveries and inventions all started out from simple questions or curiosities. So children's curiosity can be regarded as the first step towards exploring the world.

With this series, children can have fun exploring the world as they think through various questions and while they solve these questions.

The first volume of this series deals with many different knowledges about animals and starts out with the question "What does otter do with it's own poo-poo?"

What does otter do with it's own poo-poo?
by Kim Nam-Sug
Copyright ⓒ 2001 by Kim Nam-Sug
ISBN 89-7805-770-5 63490
Printed in KOREA

초판 1쇄 인쇄 | 2001. 3. 5
초판 5쇄 발행 | 2007. 5. 20

기획·편집 | 열린서당
그린이 | 안민수

발행처 | 우리책
발행인 | 김정옥

출판 등록 | 2002. 10. 7. 제 2-36119호
주소 | 서울특별시 중구 신당 3동 373-20
전화 | 편집부 (02) 2236-5982
팩스 | (02) 2232-5982

ⓒ2007 열린서당
저자와 출판사의 허락 없이 내용의 일부를 인용하거나 발췌하는 것을 금합니다.

값은 표지에 있습니다.
ISBN 978-89-90392-160 63490

이 책의 구성

궁금한 동물의 세계로 함께 가 볼까?

안녕! 난 동물을 너무너무 사랑하는 새롬이라고 해.

이 지구에는 인간만이 아니라, 많은 동물들이 함께 살아 가고 있어. 우리 집에서 함께 사는 애완 동물부터 아프리카 초원에서 살고 있는 야생 동물까지 셀 수 없이 많아. 모두가 아끼고 보호해야 할 우리들의 소중한 친구야.

동물을 사랑하기 위한 기초 준비!

제일 먼저, 동물에 관해 잘 알아야 해!

자, 다함께 **아이아이들@호기심파일** 클릭!

아이아이들@호기심파일은
우리들 호기심을 해결해주는 척척박사!

1 알고 싶은 것을 바로바로 알려주는 초고속 파일
- 앞에서 뒤에서 언제든지 쉽게 찾을 수 있다.

  검색하기 : 앞에서, 알고 싶은 질문을 찾으면 편리하게 OK!

  번개 검색 : 뒤에서, ㄱ~ㅎ순으로 첫 자음을 찾으면 번개처럼 OK!

2 알쏭달쏭 재미있는 새롬이의 호기심파일
- 앗! 이상하네? 궁금하네? 왜 그럴까? - 이건 매일매일 새롬이가 하는 말이지요. 새롬이는 정말 호기심천재인가 봐요. 알쏭달쏭한 새롬이의 호기심을 누가 좀 말려줘요!

3 더 알고 싶은 것도 척척 해결하는 X파일
- 이 질문들로는 부족하다구요? 그럼, X파일을 열어 보세요!

  동물 X파일 : 더 알고 싶은 재미있는 상식들이 있답니다.
  쉿! 이 파일은 일급비밀이에요.

4 헤매지 않아도 찾을 수 있는 똑똑한 인터넷 주소
- 보고 싶은 동물들을 인터넷에서 만나요.

  인터넷에서는 동물들의 사진과 정보뿐 아니라 울음소리, 그리고 영상 비디오까지 눈으로 직접 볼 수 있답니다. 생생한 인터넷 동물원에 함께 가 봐요.
  www.iidle.co.kr를 클릭하여 **호기심해결**로 들어가시면, 동물 관련 사이트가 링크되어 있습니다.

수달은 자기 똥으로 뭘하지?

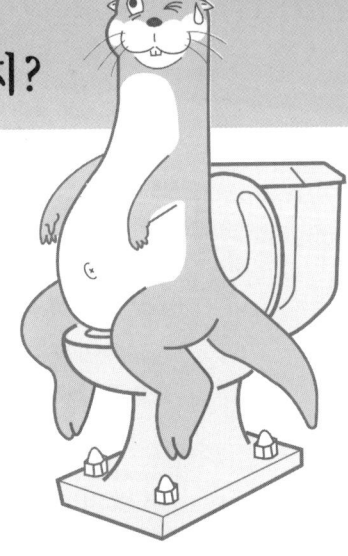

1장 신비한 동물의 세계

세상에서 가장 큰 동물은? • 12
수명이 가장 짧은 동물과 긴 동물은? • 13
동물은 어떻게 태어나자마자 걸을 수 있지? • 14
동물들의 방어 무기는 무엇일까? • 15
동물도 최면에 걸릴까? • 16
풀만 먹고도 몸집이 거대한 까닭은? • 17
새롬이의 호기심 파일 : 치과에서 생긴 일 • 18
야생 동물은 염분을 어떻게 섭취할까? • 20
동물의 귀는 왜 머리 위에 있는 걸까? • 21
동물의 꼬리는 어떤 역할을 할까? • 22
동물에게도 머리카락이 있을까? • 23
똥을 보면 어떤 동물인지 알 수 있나? • 24
동물들은 왜 털갈이를 할까? • 25
모든 생물이 지금도 진화하고 있을까? • 26
침팬지와 원숭이, 누가 더 진화되었을까? • 27
오스트레일리아에는 왜 유대류가 많을까? • 28
곤충은 모두 몇 가지나 될까? • 29

2장 바다에 사는 동물

고래는 물고기도 아닌데 왜 바다에서 살까? • 32
고래도 여름에 피서를 간다고? • 33
고래는 정말 물을 뿜을까? • 34
돌고래는 얼마나 영리할까? • 35
새끼 고래는 엄마 젖을 어떻게 먹을까? • 36
동물 X파일 : 상어 이야기 • 37
거북은 얼마나 오래 살까? • 38
거북은 알을 낳을 때 왜 눈물을 흘릴까? • 38
거북이가 알을 깨고 나올 때 어디가 제일 먼저 나올까? • 40
식인 조개가 있다고? • 40
동물 X파일 : 육지와 바다에서 사는 거북 • 41
새롬이의 호기심 파일 : 수족관에서 나는 이상한 소리 • 42
문어의 먹물로 붓글씨를 쓸 수 있을까? • 44
문어나 오징어는 왜 먹물을 뿌릴까? • 44
게가 거품을 부글부글 내는 까닭은? • 45

3장 숲에 사는 동물

수달은 자기 똥으로 뭘 하지? • 48
수달은 조개를 어떻게 먹을까? • 48
동물 X파일 : 수달은 족제비? • 49
새롬이의 호기심 파일 : 동강에서 만난 수달 • 50

소금쟁이는 왜 물에 젖지 않나? • 52
그 많던 송사리는 다 어디로 갔지? • 53
물고기의 몸은 왜 미끈미끈할까? • 53
잉어도 겨울잠을 잔다고? • 55
메기의 주둥이 옆에 있는 것은
　수염일까? • 55
열목어는 환경 지킴이? • 56
동물 X파일 : 물고기도 잠을 자나요? • 57
벌은 독침을 쏘고 나면 죽을까? • 58
꿀벌은 꿀을 어떻게 운반할까? • 59
새롬이의 호기심 파일 :
　꽃이 있는 곳에 나비가 있다 • 60
나비도 소리를 낼 수 있을까? • 62
잠자리는 먹이를 어떻게 잡을까? • 62
왜 하루살이라고 부를까? • 63

개똥벌레는 왜 빛을 낼까? • 64
무당벌레는 위험을 느끼면 어떻게 할까? • 65
귀뚜라미가 우는 까닭은? • 65
거미의 맛있는 식사? • 66
달팽이는 언제부터 집을 지고 다닌 걸까? • 67
물자라는 왜 등에 알을 지고 다니나? • 67
새롬이의 호기심 파일 : 양재천의 지렁이 • 68
쉿, 개구리가 겨울잠을 잔대요! • 70
개구리는 물 속에서도 숨을 쉴까? • 71
비가 오기 전에 청개구리는 왜 울까? • 72
뱀의 조상은 다리가 있었대? • 73
뱀이 일 주일을 굶고도 사는
　까닭은? • 74
뱀이 혀를 날름거리는
　까닭은? • 75

4장 세계의 야생 동물

홍수가 나면 코끼리들은 어떻게 되지? • 78
코끼리의 상아는 무얼까? • 79
동물 X파일 : 코끼리 코는 뱀? • 80
코끼리는 왜 모래나 진흙을 몸에 끼얹을까? • 81
코뿔소의 뿔은 무엇으로 만들어졌을까? • 81
기린의 목이 긴 까닭은? • 82
기린은 왜 서서 잠을 잘까? • 83
얼룩말의 털을 깎으면 어떻게 될까? • 84
원숭이가 꼬리를 세우는 것은? • 84
새롬이의 호기심 파일 :
　원숭이의 이상한 신체 부위 • 86
원숭이가 나무를 잘 타는 비결은? • 88
고릴라는 어니에 살고 있을까? • 89
석기를 다루는 고릴라가 있다고? • 90
호랑이와 사자가 싸우면 누가 이길까? • 90
새롬이의 호기심 파일 :
　지리산에 나타난 반달가슴곰 • 92

동물 X파일 :
　곰은 죽은 척하면 건드리지 않나요? • 94
팬더가 제일 좋아하는 먹이는? • 95
북극곰은 뭘 먹고 살까? • 96
펭귄과 북극곰의 환경이 바뀐다면? • 97
펭귄은 남극에서만 살까? • 98
망구스는 코브라에게 물려도 괜찮을까? • 98
코브라끼리 싸우다 한쪽이 물리면? • 99
새롬이의 호기심 파일 : 코브라는 춤꾼? • 100
방울뱀은 어디에서 소리가 날까? • 102
개미핥기의 먹이는? • 102
낙타의 혹 속엔
　뭐가 있을까? • 103
코알라는 밤의 왕자? • 105
캥거루는 왜 주머니가 있을까? • 106
악어는 먹이를 어떻게 먹을까? • 107
악어가 제일 무서워하는 동물은? • 107

5장 하늘을 나는 동물

시조새는 걸어다녔을까? • 110
새들도 이빨이 있었다고? • 111
새는 왜 수컷이 더 아름다울까? • 112
제일 큰 알을 낳는 새는? • 113
새가 날 때 다리는 어떻게
  할까? • 114
새들도 맞선을 본다고? • 114
어미 새는 먹이를 하루에 몇
  번이나 물어 나를까? • 115
동물 X파일 :
  전설의 새, 불사조를 아시나요? • 116
까마귀는 정말 빛나는 물건을 좋아할까? • 117
독수리는 어떻게 사냥을 할까? • 118
올빼미와 부엉이의 차이는 무엇일까? • 119
올빼미는 한밤중에도 왜 잠을
  자지 않을까? • 119
뻐꾸기는 왜 남의 둥지에 알을 낳나? • 121
딱따구리는 왜 긴 코털을
  가지고 있을까? • 122
딱따구리가 나무를 쪼는
  까닭은? • 122
새롬이의 호기심 파일 :
  아름다운 비행! • 124
철새는 어떻게 목적지를 찾아갈까? • 126
제비는 왜 남쪽에서 날아오나? • 127
제비가 비가 오기 전에 낮게 나는
  까닭은? • 128
제비도 땅 위를 걸을 수 있을까? • 129
참새는 얼마나 오래 날 수 있을까? • 129
공작새는 왜 날개를 활짝 펼칠까? • 131

6장 농장에 사는 동물

젖은 풀은 왜 토끼에게 위험할까? • 134
토끼가 먹이를 갉는 까닭은? • 134
토끼는 왜 뒷발로 땅을 툭툭 치는 걸까? • 135
염소가 종이를 먹는다고? • 137
새롬이의 호기심 파일 :
  새벽을 깨우는 소리 • 138
달걀이 모두 병아리가 되지 않는
  까닭은? • 140
달걀도 숨을 쉰다? • 140
병아리는 어떻게 알을 깨고 나올까? • 141
새롬이의 호기심 파일 :
  얼음 위의 발레리나 • 142
닭은 유리나 모래를 먹어도 괜찮을까? • 144
말발굽과 손톱은 어떻게 생겨난 걸까? • 144
소 똥은 왜 묽을까? • 145
칠면조는 몇 가지 색으로 변할까? • 146
동물 X파일 : 똥 이야기 • 147

7장 집안에 사는 동물

개가 먹이를 땅 속에 묻는
   까닭은? • 150
개는 왜 전봇대에 오줌을 눌까? • 151
개는 왜 낮에 꾸벅꾸벅 조는 걸까? • 152
사람이 달리면 개는 왜 쫓아올까? • 153
개는 왜 혀를 내밀고 헐떡거릴까? • 153
동물 X파일 : 진돗개와 풍산개 • 154
개는 왜 밤에 아무도 없는데 짖는 걸까? • 155
개는 주인을 닮는다는데 정말일까? • 155
개 코는 왜 늘 축축하게 젖어 있을까? • 156
개는 얼마나 오래 살까? • 157
새롬이의 호기심 파일 :
   누렁이가 닭을 물었대요! • 158
고양이의 수염을 자르면? • 160
고양이의 눈동자가 밤에 커지는 까닭은? • 161
물을 싫어하는 고양이가 왜 물고기는
   좋아할까? • 162
고양이가 좁은 틈으로 잘 드나드는
   비결은? • 162
동물 X파일 :
   고양이가 먹으면 안 되는 음식 • 163
새롬이의 호기심 파일 : 고양이는 잠꾸러기 • 164
쥐는 비누를 좋아하는 걸까? • 166
바퀴벌레의 수명은 얼마나 될까? • 167
파리는 다리로 맛을 본다고? • 168
사람을 무는 모기는 암컷일까,
   수컷일까? • 168
모기가 어떻게 고층 아파트에 살까? • 169

8장 동물들의 놀라운 초능력

전기를 일으키는 물고기 • 172
동물이 지진을 제일 먼저 느껴요 • 173
사냥의 명수-식충 식물 • 174
꿀벌은 인공위성보다 정확해! • 175
히말라야를 넘는 학 • 176
전서구의 비밀 • 177
잉꼬나 앵무새는 말을 할 수 있대요 • 178
박쥐는 초음파 레이더가 있대요 • 178
솔개의 먹이 찾기 실력은? • 179
새롬이의 호기심 파일 :
   고향을 찾아오는 연어 • 180
치타가 빨리 달릴 수 있는 비결은? • 182
고양이가 높은 곳에서 떨어져도 똑바로 설 수
   있는 까닭은? • 183
죽음을 미리 아는 코끼리 • 184
코끼리는 가뭄 때 샘을 어떻게 찾을까? • 184
도마뱀은 꼬리를 잘려도 살 수 있을까? • 186
카멜레온은 왜 색이 변할까? • 186
뱀이 자신보다 큰 먹이를 삼키는
   비결은? • 187
산양은 20미터 절벽에서 뛰어내려도
   끄떡없대요 • 188
암컷이 죽으면 수컷이 암컷으로 변해요 • 189
더우면 수컷, 추우면 암컷 • 191

동물상식 추천사이트

http://www.kfem.or.kr
www.megalam.co.kr

다음 사이트들은 www.iidle.co.kr에 링크 되어 있습니다.

http://www.kfem.or.kr

환경운동연합 환경에 대한 각종 정보와 주요 사항 해외 단체 소개, 생태 환경 교실, 체험 학습, 각 지역 환경 연합 활동 사항을 찾아볼 수 있습니다.

www.megalam.co.kr

한국자연정보연구원(메가람) 자연 생태계 정보를 제공하는 곳으로, 이 사이트에서는 다양한 영상 자료를 접할 수 있습니다. TV에서만 볼 수 있었던 자연 다큐멘터리를 생생한 화면으로 언제든지 볼 수 있답니다.

1 신비한 동물의 세계

자연 환경에 적응하며 자연의 법칙에 따라
지혜롭게 살아가는 동물의 세계가 정말로
놀랍고 신기하지요?
동물의 세계를 알면 알수록
호기심이 더 커진다고요? 맞아요!
알고 싶고 보고 싶은 동물들의
신비한 이야기가 아직도 너무
너무 많아요.

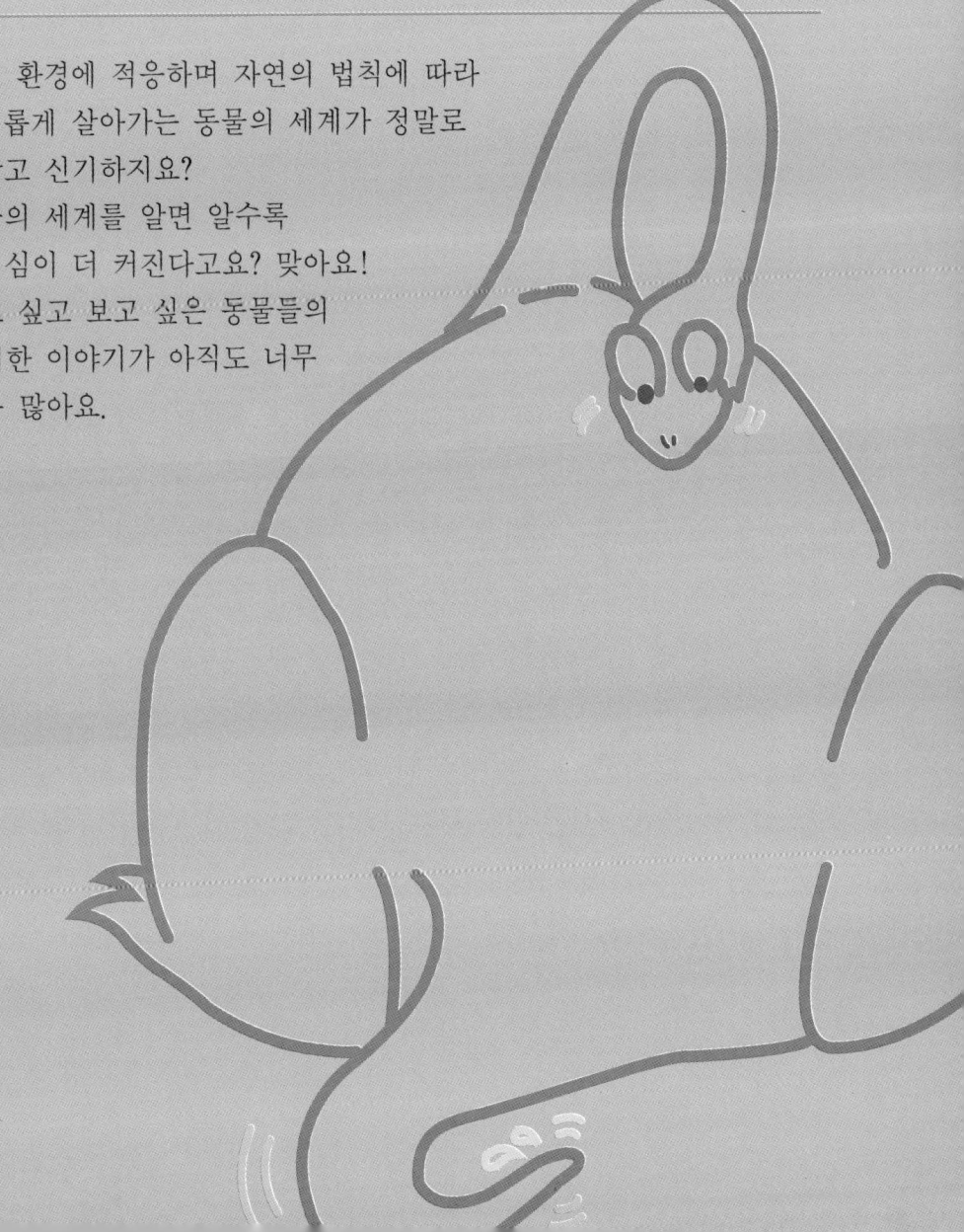

아이아이들
ⓒ호기심파일

세상에서 가장 큰 동물은?

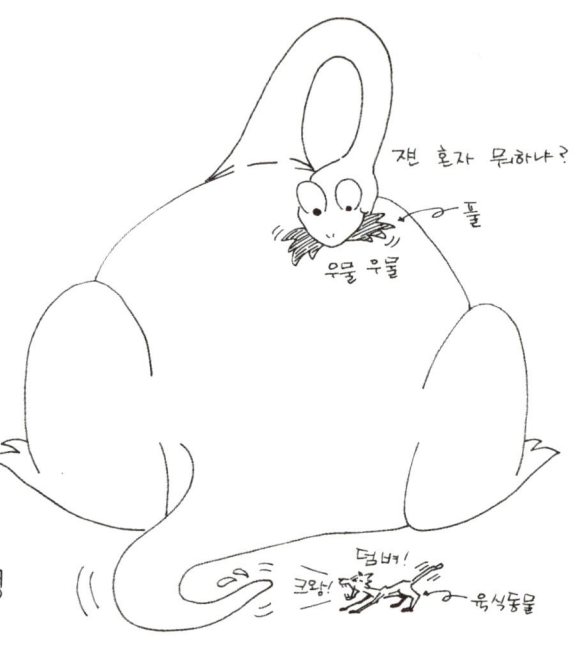

지구에 살았던 모든 동물 중에서 가장 큰 동물은 바로 '공룡'이지요. 공룡은 약 1억 8천만 년 전 지구상에 나타나 1억 만 년 이상 번성하다가 갑자기 멸종했습니다.

공룡은 거대한 것이 있는가 하면 고양이보다 작은 것도 있었는데, 가장 거대한 공룡들은 모두 초식 공룡이었습니다. 알려진 공룡 중에 가장 큰 것은 브라키오사우루스입니다. 브라키오사우루스의 몸길이는 약 25미터이고 몸무게는 약 70톤에 이르며, 키는 약 12미터 정도입니다. 이것은 약 4층 높이의 건물과 맞먹는 것입니다.

최근에는 이것보다 더 큰 공룡의 뼈가 발견되었는데, 슈퍼사우루스와 울트라사우루스, 사이스모사우루스로 이름지어졌습니다. 이 공룡들은 브라키오사우루스보다 3배 이상 크다고 합니다. 하지만 지금은 화석으로밖에 발견할 수 없는 동물이 되었지요.

그럼, 현재 세상에서 가장 큰 동물은 누구일까요?

육지에서는 역시 아프리카코끼리가 가장 크답니다. 몸길이가 6~7미터, 몸무게가 5~7.5톤이며, 상아의 길이는 3~4미터나 됩니다.

하지만 바다로 나가면 코끼리보다 더 큰 몸을 자랑하는 동물이 있는데

수달은 자기 똥으로 뭘 하지?

바로 고래랍니다. 고래 중에서 흰긴수염고래는 몸길이가 가장 큰 동물입니다. 몸길이는 수컷이 약 25미터이고 암컷이 약 27미터이며, 가장 긴 것은 31미터나 된다고 합니다.

지구에서 이 거대한 동물들이 살아가는 데에는 많은 먹이와 넓은 장소가 필요합니다. 그런데 사람들의 환경 파괴와 오염으로 이들이 살 장소와 먹이가 점점 줄어들고 있습니다. 이러다가 이 동물들도 공룡처럼 갑자기 사라지는 건 아닐까요?

수명이 가장 짧은 동물과 긴 동물은?

우리가 살고 있는 지구에는 약 100만 종류나 되는 동물들이 살고 있습니다. 그 동물 중에는 수명이 짧은 것도 있고 긴 것도 있습니다. 하지만 대개 동물은 사람보다 수명이 짧습니다. 그러나 사람보다 수명이 긴 동물도 있기 때문에 모든 동물의 수명이 짧다고는 할 수 없습니다.

동물 중에서는 곤충의 수명이 가장 짧은 것으로 알려져 있습니다. 곤충 중에서도 수명이 가장 짧은 잠자리는, 긴 것은 하루를 살고 짧은 것은 알에서 깨어난 후 4~5시간밖에 살지 못한다고 합니다.

그러면 가장 오래 사는 동물은 무엇일까요?

우리 조상들은 거북은 만 년을 살고, 학은 천 년을 산다고 믿었으나 실제로는 그렇게 오래 살지 못합니다. 거북은 코끼리거북이 약 200년을 살 수 있고, 학은 동물원에서 보호를 받으면 약 50년 정도 사는 것으로 알려져 있습니다.

동물은 어떻게 태어나자마자 걸을 수 있지?

바다거북의 새끼는 알에서 깨어나자마자 바다를 향해 있는 힘껏 달려 가고, 닭이나 꿩의 새끼도 깃털이 마르기를 기다려 걷기 시작합니다. 또 산토끼도 풀숲에서 태어나면 바로 어미 뒤를 쫓아 걷습니다.

이처럼 동물들이 태어나자마자 걷는 것은, 적의 공격을 피하기 위해서 입니다. 방어 능력이 없는 새끼들은 적을 피해서 최대한 빨리 일어나 도망치는 수밖엔 없습니다. 그래서 이 새끼들은 부모와 똑같은 형태를 갖추고 태어나는 것입니다. 걸음마를 배울 시간이 없기 때문이죠.

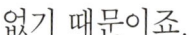

반면, 쥐나 참새 등의 새끼는 눈도 못 뜨고 몸의 형태도 제대로 갖추지 못한 채 태어납니다. 그래서 자라면서 점점 부모의 모습을 닮아 가게 됩니다. 이 때 적이 공격하기 쉽기 때문에, 부모는 좀더 안전하고 쉽게 발견되지 않는 곳에 둥지를 틀고 새끼를 보살핍니다.

동물들의 방어 무기는 무엇일까?

동물들에게는 자신을 방어할 무기가 있습니다. 독수리는 날카로운 부리와 발톱, 사자는 힘과 무시무시한 이빨, 악어는 강한 턱과 먹이를 녹이는 강한 위액이 있습니다. 그런가 하면 거북은 위험이 닥치면 머리를 딱딱한 등껍질 속으로 집어넣고, 고슴도치는 날카로운 가시를 세워 적들을 놀라게 하지요.

풀만 먹고 사는 초식 동물인 사슴, 영양, 들소와 같은 동물들도 자신을 지키기 위한 무기를 가지고 있는데, 바로 뿔입니다. 특히, 사슴 뿔은 길고 아름다울 뿐 아니라 공격해 오는 적과 싸워 상처를 입히기도 합니다. 들소나 코뿔소의 뿔은 짧지만 두껍고 곧으며, 뿔 가운데에 뼈가 있기 때문에 부러질 염려가 적고 상대를 공격하기 좋습니다.

또한, 스컹크는 아주 독한 냄새를 내뿜어 적들이 꼼짝 못 하고 당황해 하는 사이에 도망을 칩니다. 이 방법은 족제비도 쓰는데 '족제비 최루탄'이라는 고약한 냄새를 내뿜는다고 합니다. 스컹크나 족제비한테 잘못 걸리면 큰일이겠죠?

그런데 스컹크나 족제비는 자신들의 고약한 냄새를 못 맡는 걸까요? 그렇진 않을 거예요. 냄새를 맡는

감각은 다른 감각보다 쉽게 익숙해지는 성질이 있기 때문에, 처음엔 고약하다고 느끼지만 점차 그 냄새를 느끼지 못하게 된답니다. 더구나 자기 몸에서 나는 냄새이고, 자기를 지키는 방법이기 때문에 참으로 소중한 무기라고 느끼지 않을까요?

동물도 최면에 걸릴까?

동물도 최면에 걸릴까요?
네, 동물도 인간과 똑같이 최면에 걸립니다.
작은 동물로는 바퀴벌레, 거미, 게가 있고, 큰 동물로는 사자까지 최면에 걸렸다는 기록이

 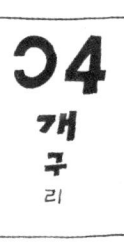

있습니다. 특히 개구리와 닭이 최면에 잘 걸려 실험에 자주 사용됩니다.

개구리에게 최면을 걸려면 우선 개구리를 뒤집어 배를 위로 향하게 합니다. 그리고 나서 배 주위를 손가락으로 둥근 원을 그리며 가볍게 문지르면 다리를 모으고 가만히 있습니다. 손을 떼어도 최면에 걸린 개구리는 잠시 그 상태로 움직이지 않습니다.

닭은 땅에 서 있는 몸을 누르며 날개를 위에서 조용히 쓰다듬어 줍니다. 쓰다듬으면서 점점 눌러서 앉힙니다. 잠시 누르고 있다가 손을 떼어도 닭은 굳어서 움직이지 않습니다.

동물이 최면에 걸리면 딱딱하게 굳는데, 동물은 최면술사가 지시하는 대로 움직이지 않습니다. 사람과 의사 소통이 되지 않기 때문입니다.

풀만 먹고도 몸집이 거대한 까닭은?

코끼리나 기린, 하마, 낙타 같은 동물들은 모두 풀만 먹고도 몸집이 거대합니다. 또한, 지금은 멸종된 공룡은 몸길이가 10미터 이상이면서 초식성이었습니다.

어떻게 이 동물들은 풀만 먹고도 그렇게 거대할 수 있을까요?

그 까닭은 풀에 완전한 영양이 들어 있기 때문입니다. 단백질이라면 동물의 고기만 떠올리지만 풀에도 식물성 단백질과 지방 등이 들어 있으며, 비타민류, 미네랄류도 들어 있어서 부족한 영양소가 없는 셈입니다. 그리고 식물의 주성분은 당질인데, 이 풍부한 당질이 큰 몸의 원동력이 아닐까요?

식물에 이처럼 다양한 영양이 들어 있지만 그 함유량은 낮기 때문에 많이 먹어야 합니다. 그 많은 먹이를 소화하고 흡수하기 위해 창자는 길고 커야 했습니다. 그래서 자연히 몸도 커진 것입니다.

새롬이의 호기심 파일

치과에서 생긴 일

새롬이는 어금니가 썩어서 치과에 갔습니다. 의사 선생님은 단것을 많이 먹고 깨끗이 양치질을 하지 않아서 그렇다고 하셨습니다. 그러면서 의사 선생님은,

"꼭 이빨 빠진 호랑이 같네. 허허허."

하며 웃으셨습니다.

그런데 새롬이는 문득 동물들도 이빨이 썩는지 궁금했습니다.

곰처럼 달콤한 꿀을 즐겨 먹는 동물들도 있고, 사탕나무, 삼목, 노송나무 등의 수액에 든 당분(단맛을 내는 탄수화물)을 빨아먹는 동물들도 있잖아요. 하지만 이 동물들이 사람처럼 양치질을 한다는 이야기는 못 들어봤거든요.

"의사 선생님, 동물들도 충치가 생기나요?"

"글쎄! 그건 우리 충치 대장 새롬이가 한번 생각해 볼래?"

과연 동물들은 충치가 있을까, 없을까?

동물도 충치가 생길까요?

1. 야생 동물은 충치가 생기지 않는다.
2. 동물은 단것을 싫어한다.
3. 이빨이 상하는 음식을 먹지 않는다.
4. 동물의 이빨 속에는 썩지 않는 성분이 있다.

자연에서 동물이 섭취하는 당분은 아주 적은 양이므로 충치가 생기지 않습니다.

그런데 충치는 단것만을 많이 먹었다고 생기는 게 아니래요. 충치는 칼슘 부족이나 영양 균형이 맞지 않을 때, 이빨이 약해졌을 때 등 여러 가지 원인으로 생깁니다.

그래서 동물원에서는 동물들의 이빨을 뽑아 인공 치아를 박는 등의 치료를 한대요.

정답 : 1

야생 동물은 염분을 어떻게 섭취할까?

생물의 생명 유지 영양소 중의 하나가 소금, 즉 염분입니다. 특히 더울 때나, 심한 일을 하는 사람한테는 꼭 필요합니다.

동물도 마찬가지입니다. 특히 초식 동물은 염분이 부족하기 쉽습니다. 그것은 이 초식 동물들이 풀을 주로 먹기 때문입니다. 풀에는 다른 영양소는 들어 있지만 염분은 거의 없습니다.

야생 동물의 경우 직사광선을 쬐고 운동량도 많기 때문에 체력을 회복시키는 효력이 있는 염분이 더욱 필요하지요.

그래서 아프리카에 사는 사슴 등 초식 동물들은 소금을 찾기 위해 초원을 기웃거립니다. 아프리카코끼리는 냄새를 잘 맡아 땅에 들어 있는 소금기를 찾아 먹기 때문에 염분 걱정은 없답니다.

그렇다면 육식 동물들은 어떻게 염분을 섭취할까요?

사자나 치타 같은 육식 동물들은 초식 동물을 잡아먹고, 그 고기나 혈액에 들어 있는 약간의 소금기를 섭취합니다.

수달은 자기 똥으로 뭘 하지?

동물의 귀는 왜 머리 위에 있는 걸까?

동물의 귀는 머리 위쪽에 있는데, 그 까닭은 뇌에서 가장 가깝기 때문입니다. 귀, 즉 청각은 동물에게 있어 소중한 정보 기관입니다. 이 예민한 청각 덕분에 위험에 대비할 수가 있습니다.

그런데 정보를 받아들이는 귀가 뇌에서 멀리 떨어져 있다면 어떨까요?

그렇다면 신경을 통해 뇌로 전달하는 속도가 그만큼 늦어져 위험을 방어할 수가 없을 거예요.

산토끼의 귀가 긴 것은 이 귀를 쫑긋 세우고 좌우로 움직여 적이 다가오는 낌새를 미리 알아채고 재빨리 도망치기 위해서입니다.

이에 비해 토끼 같은 작은 동물을 잡아먹는 여우는 귀보다는 눈이나 코를 이용해 먹이를 찾기 때문에 귀가 크지 않습니다.

올빼미의 귀도 머리 양쪽에 있고, 귀 부분에는 깃털이 적게 나 있어 소리를 잘 들을 수 있습니다. 올빼미는 큰 눈으로 쥐를 찾는 게 아니라 쥐의 발소리나 울음소리를 듣고 위치를 알아내 어두위도 정확하게 쥐를 잡을 수 있는 것입니다.

동물의 꼬리는 어떤 역할을 할까?

동물의 몸은 자주 쓰는 부위는 점점 발달하고 쓰지 않는 부위는 퇴화합니다. 동물 중에는 꼬리가 잘 발달된 경우가 많습니다. 이 꼬리는 동물들의 필요에 따라 매우 편리하게 이용된답니다.

캥거루는 오스트레일리아의 초원에 사는 약한 동물이라 항상 적을 경계해야 합니다. 그래서 늘 몸을 세워 사방을 둘러봅니다. 이 때 꼬리는 몸을 받쳐 주는 역할을 하기 때문에 점차 두껍고 강하게 발달한 것입니다.

곰쥐의 꼬리는 몸통보다 긴 것이 특징입니다. 곰쥐의 꼬리가 긴 것도 뛰어오를 때 허리나 뒷다리, 꼬리에 체중을 싣기 위해서입니다. 또 전선과 같은 줄 위를 건널 때는 몸의 균형을 잡는 데 이용합니다. 이것은 곡예사가 줄을 탈 때 부채를 들고 있는 것과 같은 원리이지요.

새의 꼬리는 배로 말하면 방향을 결정하는 노와 같은 역할을 합니다. 솔개가 원을 그리며 하늘을 날고 있는 것을 보면 이 원리를 잘 알 수 있습니다. 또 제비 꼬리는 가위 모양처럼 되어 있어서 갑자기 방향을 바꾸는 데 도움이 됩니다.

수달은 자기 똥으로 뭘 하지?

동물에게도 머리카락이 있을까?

동물들 중에는 머리카락을 가진 것이 있습니다. 그 좋은 예가 수사자와 말의 갈기입니다. 새 중에는 왕관비둘기나 앵무새의 관모가 이에 속합니다.

그러나 대부분의 동물은 머리카락이 없습니다. 머리카락이 없는 가장 큰 이유는 필요하지 않기 때문입니다.

갈기가 있는 동물은 갈기로 자신의 존재를 동료들에게 알리고, 자신의 힘을 자랑하기 위함입니다. 만일 수사자에게 갈기가 없었다면 암컷처럼 보여 '백수의 왕'다운 위엄이 서지 않았을 것입니다.

또한 앵무새 수컷도 큰 관모가 없었다면 암컷의 관심을 끌지 못했을 것입니다.

그렇다고 머리카락이 없는 동물들이 모두 위엄이 없고 암컷에게 관심을 못 받는 것은 아니에요. 왜냐하면 동물에겐 그들 나름대로 암컷을 유인할 방법이 있기 때문이지요.

괜히 무게 잡아보는 말…

1장 신비한 동물의 세계

똥을 보면 어떤 동물인지 알 수 있나?

동물은 각각 식성이 달라서 똥의 모양도 여러 가지입니다. 그래서 동물의 똥만으로도 그 지역에 어떤 동물이 사는지 알 수 있습니다.

동물의 똥이 각각 다른 것은 큰창자의 구조 때문입니다.

예를 들어 사슴이나 토끼, 염소 등의 큰창자는 잘게 주름져 길게 연결되어 있습니다. 작은창자에서 보내진 음식물은 이 작고 주름진 주머니 모양의 큰창자에서 한 개씩 뭉쳐져 배설됩니다. 그래서 토끼나 염소 똥이 동글동글하게 생긴 거랍니다.

반면, 개나 사자 등의 큰창자는 주름이 커서 작은창자에서 들어온 음식물은 계속 차례대로 쌓입니다. 그러다가 뇌의 명령을 받고 한꺼번에 배출되기 때문에 크고 긴 똥이 되는 것입니다.

그런데 새는 날 때 몸을 가볍게 해야 하기 때문에 먹은 즉시 내용물을 묽게 만들어 바로바로 내보낸답니다.

동물들은 왜 털갈이를 할까?

왜 동물들은 계절에 따라 털갈이를 할까요? 여러분은 따뜻해지면 얇은 옷을 입고, 추워지면 두꺼운 옷을 입죠? 이와 마찬가지로 동물들도 털로 기온 변화에 대비하게 됩니다. 그것은 바로 자신의 체온을 일정하게 유지하기 위해서입니다.

동물이 늘 일정한 체온을 유지하는 것은 몸의 생리 작용을 순조롭게 하기 위해서입니다. 만일 체온이 높거나 낮으면 생리 작용에 이상이 생겨 병에 걸리기 때문입니다. 그러므로 항상 일정한 체온을 유지해야 하는 것이지요.

그래서 조류나 포유류는 덥기 전인 봄과 춥기 전인 가을에 털갈이를 합니다. 특히, 영양이나 오리류는 겨울이 되면 솜털이 촘촘히 나와 추위를 막아줍니다.

그리고 원앙새 같은 오리류의 수컷은 여름과 겨울의 깃 색깔이 다릅니다. 여름에는 여름깃이 나와 암컷과 같은 깃 색깔이 되고, 가을에는 아름다운 겨울깃이 나온답니다.

빨리 겨울옷 장만해야지..

모든 생물이 지금도 진화하고 있을까?

동물의 진화는 아주 먼 옛날부터 이루어져 왔기 때문에, 그것을 예상한다는 것은 아주 어려운 문제입니다.

예를 들어 바퀴벌레는 지금으로부터 3억 8천만 년 전, 새는 1억 4천만 년 전, 포유 동물의 선조인 두더지는 6천만 년쯤 전에 지구에 모습을 드러냈습니다. 그렇게 시작되어 현재의 수많은 종류로 진화된 것입니다.

그러나 인간이 원숭이와 같은 선조에서 분화된 것은 지금으로부터 300만 년 전에 불과합니다. 유인원에서 진화되어 온 속도를 보면 다른 동물과는 비교도 안 되게 서서히 변화된 것을 알 수 있습니다. 이런 느린 변화를 소진화라고 하며, 이와 반대로 유전자의 돌연변이에 의해 부모와는 다른 새끼가 태어나는 것을 대진화라고 합니다.

생물의 역사를 살펴보면 대진화가 일어날 확률은 매우 적지만, 소진화는 지금도 꾸준히 진행되고 있습니다.

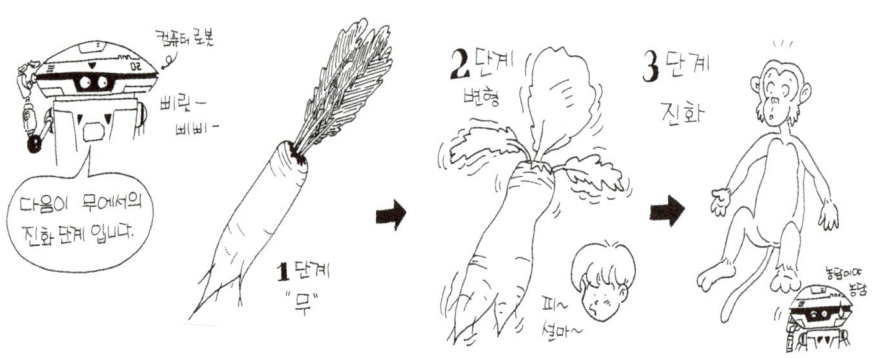

침팬지와 원숭이, 누가 더 진화되었을까?

원숭이는 현재 12과 181종으로 분류되어 있습니다. 그 중에서 침팬지, 미니침팬지, 고릴라, 오랑우탄을 영장류라고 부르며 다른 것과는 구별하고 있습니다. 영장류는 지능과 생활면에서 다른 원숭이와 차이가 있고 사람과 비슷한 생활을 합니다.

특히 침팬지는 지능이 발달되어 있다는 것이 실험으로 증명되었습니다. 따라서 사람과 가장 가까운 동물이라 할 수 있기 때문에 생태학적인 연구가 활발히 일어나고 있습니다.

침팬지는 서아프리카의 기니 남동쪽, 자이레, 우간다와 탄자니아에, 미니침팬지는 자이레 남부에 불과 몇 종만이 살고 있습니다. 이 침팬지들은 모두 보호의 손길이 필요한 동물들입니다.

그리고 오랑우탄은 보르네오와 수마트라에, 고릴라는 자이레와 나이지리아에 살고 있습니다.

오스트레일리아에는 왜 유대류가 많을까?

코알라나 캥거루처럼 배에 주머니가 있는 동물을 유대류라고 합니다. 오스트레일리아 대륙에는 유대류가 많은데 왜 다른 대륙에는 없을까요? 이 수수께끼를 풀기 위해선 먼저 지구의 역사를 살펴봐야 할 것 같습니다.

지구는 3억 년쯤 전에는 하나의 거대한 대륙이었다고 합니다. 2억 년쯤 전부터 아메리카 대륙과 아프리카 대륙이 지금의 유라시아 대륙에서 떨어져 나가고, 아시아 대륙에서는 오스트레일리아 대륙이 떨어져 나와 동으로 동으로 이동해 현재와 같은 지구 모양이 되었답니다.

대륙에서 떨어져 나올 때의 오스트레일리아에는 아직 포유 동물은 원시적인 종류밖엔 없었습니다.

예를 들면, 포유류이면서 알을 낳는 오리너구리나 태반(어미가 새끼에게 영양을 주고 새끼에게 필요한 각종 호르몬을 만들고, 저장하고, 분비하는 기관)도 없으면서 육아낭에서 젖으로 새끼를 키우는 원시적인 유대류밖에 없었습니다. 또한 유대류를 잡아먹는 육식 동물이 아직 생겨나지도 않았을 때라 이들처럼 약하고 원시적인 동물이 살아남을 수 있었던 것입니다.

곤충은 모두 몇 가지나 될까?

'곤충' 하면 뭐가 떠오르나요? 파리, 모기, 바퀴벌레, 사마귀, 꿀벌, 잠자리……. 그리고 나비처럼 예쁜 것도 있지요.

지구에 곤충은 모두 몇 가지나 있을까요?

1백 가지라고요? 놀라지 마세요. 자그마치 2백만 내지 4백만 가지가 된다는군요. 동물학자들이 비슷한 종류는 하나로 쳐서 셈을 해 봐도 62만 5천 가지 곤충이 우리와 같이 살고 있다는 거예요. 곤충은 지구에 사는 동물 중에서 가장 많은 종류로 퍼져 있으며, 전체 생물 수의 4분의 3을 차지한답니다.

논이나 밭, 숲, 산꼭대기, 동굴, 사막, 바다, 진흙 개펄……, 그리고 우리집 안방까지 곤충이 살지 못하는 곳이 없답니다.

곤충이 지구에서 살기 시작한 것은 3억 5천만 년 전부터라고 합니다. 이 곤충 가운데 가장 오래된 것이 바퀴벌레입니다. 그래서 바퀴벌레를 '화석 곤충'이라고 하는 거예요.

아 참! 여러분은 어떤 게 곤충인지 확실히 아나요?

두 가지만 알면 되지요. 몸이 머리·가슴·배 3부분으로 나누어지고, 다리가 6개(세 쌍)인 것이 바로 곤충이지요.

1장 신비한 동물의 세계

동물상식 추천사이트

www.everland.com/zoo/zoo.html
http://myhome.hananet.net/~ljh02070/

다음 사이트들은 www.iidle.co.kr에 링크 되어 있습니다.

www.everland.com/zoo/zoo.html

사파리 라이브 동물원 전시 동물, 동물 이야기, 동물과 함께, Live 동물원, 동물 사육사 등 동물에 대해 자세한 내용을 살펴볼 수 있는 사이트입니다.

http://myhome.hananet.net/~ljh02070/

고래사랑 고래의 종류, 고래에 관련된 책과 사진, 그리고 우리 나라 근해에 자주 나타나는 고래들을 자세히 알 수 있습니다. 또한 어린이들이 보내온 고래 그림과 동화를 볼 수도 있습니다. 해양 동물에 대한 내용과 사진도 만날 수 있습니다.

2 바다에 사는 동물

바다는 육지보다 크고 넓습니다.
육지에서 공기를 마시고
동물들이 살고 있듯이 바다 속에도 수많은
생물들이 저마다의 방법으로 호흡을 하며 살고 있습니다.
바다는 생명의 탄생지이며,
　　　우리가 아끼고 보존해야 할 자연 자원입니다.
　　　　　　미지의 세계, 바다에서 사는 동물들을
　　　　　　　만나러 가 볼까요!

고래는 물고기도 아닌데 왜 바다에서 살까?

고래의 모습은 물고기와 비슷하지만 육지에 사는 동물의 특징을 더 많이 가지고 있습니다. 고래는 물고기처럼 아가미로 숨을 쉬지 않고, 육지 동물처럼 폐로 숨을 쉽니다. 또한 자궁 안에 임신을 하고 젖으로 새끼를 기른답니다.

그렇다면 육지에 살아야 할 포유 동물이 바다에서 왕자 노릇을 하고 있으니 정말 이상하죠? 고래는 왜 바다에서 살까요?

고래의 조상은 지금처럼 덩치가 크지 않았고, 몸을 떠받쳐 주는 다리도 있었다고 합니다. 처음엔 물가에 살다가 점차 바다로 옮겨 살게 된 것으로 추측하고 있습니다. 또한 앞다리는 지느러미로 변하여 물 속에서 헤엄치기 알맞게 변하고, 뒷다리는 퇴화하여 뼈만 조금 남아 있게 되었습니다. 그러니까 바다에서 사는 데 필요 없는 부분은 퇴화되어 없어진 것입니다. 그 결과 오늘날의 고래의 모습이 된 것이지요.

그리고 점차 덩치가 커진 고래는 더 이상 육지에서 살 수가 없었어요. 왜냐하면 고래는 다른 포유류에 비해서 갈비뼈의 연결이 약해 가슴 속이 무릅니다. 그 때문에 육지에서는 무거운 몸무게가 가슴을 압박하여 숨쉬기가 어려웠답니다. 그래서 고래는 물고기도 아닌데 바다에서 살게 되었지요.

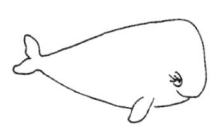

수달은 자기 똥으로 뭘 하지?

 고래는 덩치가 크다는 이유 때문에 사람들에게 많은 피해를 당했어요. 고래를 잡으면 일단 고기가 많이 나오고, 지방은 마가린이나 화장품, 비누 등의 원료로도 사용하기 때문이지요. 그래서 고래는 20여 년 전만 해도 마음대로 잡을 수 있어서 멸종 위기에 있었습니다. 그러나 지금은 다행히 각 나라에서는 고래를 잡지 못하게 국제법을 만들어 보호하고 있습니다.

우리 나라에서는 동해 바다, 특히 포항이나 울산 앞바다에서 고래 떼를 볼 수가 있습니다.

고래도 여름에 피서를 간다고?

물 속에 사는 생물들은 계절이 바뀌면 바닷물의 온도에 따라 살기 좋은 환경을 찾아 떠난답니다. 그래야만 제 힘으로 몸의 온도를 조절하며 살 수가 있습니다.

고래는 몸의 온도가 언제나 같습니다. 그래서 추운 겨울이 되면 따스한 바다를 찾아 떠나고, 반대로 더운 여름이 되면 시원한 남극이나 북극의 바다로 떠납니다. 이것이 고래의 피서법이지요. 고래가 피서를 간다니 놀랍죠?

그리고, 고래가 겨울에 따뜻한 바다로 이동하는 것은 새끼를 낳고 기르기 위해서랍니다.

고래는 정말 물을 뿜을까?

'고래' 하면 뭐가 생각나지요?
'돌고래의 묘기, 큰 덩치……'
고래에게는 또 한 가지 신기한 게 있어요. 그것은 분수처럼 물을 뿜어내는 모습입니다. 하지만 고래는 물을 뿜어내는 것이 아니라 허파로 숨을 쉬는 거래요.

고래는 5~10분 동안 물 속으로 다니다 숨을 쉴 때는 물 위로 올라옵니다. 올라오자마자 새 공기와 바꾸려고 큰 소리를 내며 다 쓴 공기를 등에 있는 코로 뿜어내는 것입니다. 이 때 콧구멍이나 그 주위에 괴어 있던 물이 공기와 함께 뿜어져 나오는 것으로 생각됩니다.

고래도 원래 머리 앞에 콧구멍이 있었습니다. 그런데 땅에 살던 고래가 물 속에서 살게 되자, 콧구멍도 숨쉬기 쉽도록 등 쪽으로 옮겨 가게 된 거랍니다.

 **고래의 크기?**

몸길이가 4~5미터 이상 되는 것을 고래라고 하고, 그것보다 작은 것을 돌고래라고 합니다. 고래는 크게 나누어 수염고래와 이빨고래 두 종류가 있습니다. 수염고래 중에서 흰긴수염고래는 몸길이가 30미터도 넘는 게 있지만, 보통은 10~30미터 정도 됩니다.

돌고래는 얼마나 영리할까?

인간과 대화할 수 있는 가능성이 많은 동물은 고릴라나 침팬지가 아니라 돌고래일 것이라는 설이 있습니다.

돌고래는 먼 바다에서 사는 원양성인 것과 가까운 바다에서 사는 근해성이 있으며, 그 종류는 무려 50종이나 됩니다. 원양성은 경계심이 강해 키우기 어렵지만, 근해성 돌고래 중 반도돌고래는 쉽게 친숙해지고 다양한 기술도 배우고 익힐 줄 알기 때문에 많이 기른답니다.

뇌의 크기는 몸무게의 100분의 1 정도이지만 뇌의 주름이 발달해 있어 수중음파를 이용해 의사 소통도 할 수 있습니다. 돌고래는 무리를 지어 생활하고, 동료들끼리 울음소리로 서로 연락한다는 사실이 연구 결과 증명되었습니다. 미국에서는 이 돌고래의 울음소리를 합성한 후 수중으로 발신해 돌고래 연구에 사용하고 있답니다. 다른 나라에서는 돌고래로 인해 어업에 피해가 늘어나자, 이 수중음파를 이용해 돌고래를 안전하게 쫓아내려는 연구가 진행되고 있습니다.

고래가 똥을 싸면?

고래가 똥을 싸면 바다 주위가 어두워질 정도래요. 덩치가 큰 만큼 똥도 많이 싼대요. 고래가 똥을 싸면 바닷속 물고기들은 도망을 가야겠지요. 어휴! 냄새 지독하겠다.

2장 바다에 사는 동물

새끼 고래는 엄마 젖을 어떻게 먹을까?

고래는 어미의 젖을 먹고 자랍니다. 그런데 물 속에서 어떻게 젖을 먹을까 무척 궁금하지요?

고래의 젖은 물 속에서도 새지 않도록 되어 있답니다. 젖은 어미의 몸 안에 있는데 젖을 줄 때만 밖으로 나옵니다. 이것은 헤엄칠 때 속도를 내기 위한 적응 방법이기도 합니다. 또한 갓 태어난 새끼의 혀는 대롱 모양으로 되어 있어, 바닷물이 들어가지 않습니다. 새끼가 젖을 빨면 어미는 한 번에 젖을 많이 냅니다. 이것은 새끼가 숨을 쉬기 위해 물 위로 나와야 하기 때문에 젖 먹이는 시간을 최대한 짧게 하기 위해서입니다. 이 방법으로 하루에 100리터를 먹인답니다. 이렇게 먹고 자란 새끼는 1년 뒤엔 몸무게가 26톤이나 됩니다. 이렇게 빨리 성장할 수 있는 것은 고래의 젖에 40~50퍼센트의 지방과 단백질이 있기 때문입니다. 고래는 동·식물 중에서 가장 빠르게 성장하는 동물입니다.

고래는 보통 2년에 한 마리씩 새끼를 낳는데, 새끼는 6~12개월 동안 어미 젖을 먹고 자랍니다.

북극고래 수명 200년 넘어

미국 알래스카 북부에 사는 북극고래는 150년에서 최고 211년까지 사는 것으로 조사 결과 나타났습니다. 이 같은 주장은 일반적으로 고래가 80년에서 최고 100년 동안 산다는 학자들의 이론과 큰 차이를 보이는 것입니다.

상어 이야기

푸른 파도가 넘실거리는 바다에는 수많은 물고기들이 살고 있답니다. 눈에 보이지 않는 플랑크톤을 비롯하여 집채만한 고래까지 말이에요.

평화스러워 보이는 바다 속에서도 먹고 먹히는 싸움이 치열하게 벌어집니다. 그 곳에 상어만 나타났다 하면 모두들 숨기 바쁘지요. 바다에서 성격이 제일 포악한 물고기가 바로 상어라는 것은 여러분도 잘 알고 있지요?

상어는 백상아리, 고래상어, 괭이상어, 톱상어, 상어가오리 등 약 250여 종이 있습니다. 머리 옆에 5~7줄의 아가미 구멍이 있고 다른 어류와는 달리 부레가 없으며 뼈는 물렁뼈로 되어 있습니다. 상어는 생긴 모습이 무시무시하게 생겼지만 모두 성격이 포악한 것은 아니에요.

상어 중에서도 사람을 잡아먹는 제일 무서운 상어가 있습니다. 누구일까요? 그것은 바로 '바다의 무법자'로 알려진 백상아리입니다. 일명 백상어라고 합니다.

백상어는 몸길이가 약 10미터 정도 되고 살이 쪘으며 위턱에 크고 강한 이빨을 가지고 있습니다. 해수욕장에도 가끔씩 나타나 사람들을 깜짝 놀라게 하지요. 사람을 물기도 하고 심지어 잡아먹기도 한대요. 그래서 식인상어라고 해요. 어찌나 성질이 포악하고 공격적인지 영화 '조스'의 주인공으로 나오기도 했어요. 그 후 백상어는 어린이들에게 미움과 공포의 대상이 되었지요.

조심! 일명 '아가리' 라고도 부르는 백상어를 조심하세요.

2장 바다에 사는 동물

거북은 얼마나 오래 살까?

거북은 동물 중에서 가장 오래 사는 동물이라고 알려져 있습니다. 거북의 수명은 환경과 먹이에 따라 다르지만 보통 수십 년 정도라고 합니다. 하지만 거북의 나이를 정확히 알 수는 없어요. 다만 짐작하는 것은 동물원에서 가장 오래 살고 있는 거북의 나이를 계산해 보니 약 100년 정도라고 합니다. 그것도 정확한 것은 아니고, 200년 넘게 산 거북도 있다고 합니다.

아무튼 거북은 사람보다, 또 다른 어떤 동물보다 오래 살기 때문에 장수 동물이라고 한답니다.

거북은 알을 낳을 때 왜 눈물을 흘릴까?

바다거북은 알을 낳을 때만 바닷가 모래밭으로 올라옵니다.
바다거북이 알을 낳으면서 눈물 흘리는 것을 보고 많은 사람들이 알 낳는 일이 고통스러워 우는 것이라고 생각했지요. 그러나 사실은 바다거북이 눈물을 흘리는 것은 바닷속에서 헤엄칠 때 들어간 염분을 짜내 버리기 위해서입니다.

바다에 살면서 바닷물을 마시면 혈액 속의 염분이 짙어집니다. 그 짙어진 염분을 한데 모아 눈시울에 있는 구멍, 즉 분비샘으로 내보내게 됩니다. 이것이 바로 바다거북의 눈물인 것입니다.

거북은 언제 알을 낳나?

거북은 보통 3~6월에 알을 낳습니다. 밤중에 모래밭으로 올라가서 구덩이를 파고, 그 안에 알을 낳지요. 다 낳으면 구멍에 흙을 덮어 놓습니다. 얼마 후 알에서 깬 새끼 거북은 무리를 지어 바다로 돌아간답니다.

새끼 거북이 바다로 돌아가기까지는 많은 어려움이 있어요. 새들이 새끼 거북을 잡아먹기 때문이지요. 그 중에 살아 남은 거북이들은 바다로 돌아가 아주 오랫동안 살게 된답니다.

2장 바다에 사는 동물

거북이가 알을 깨고 나올 때 어디가 제일 먼저 나올까?

새끼 거북이 알에서 나올 때 어떻게 나오는지 알고 있나요?

새끼 거북의 콧구멍과 입 사이에는 딱딱한 돌기 같은 것이 나 있어요. 이것을 '알부리'라고 부르는데 알에서 깨어난 지 2~3주 뒤에는 없어진답니다.

새끼 거북이 알에서 나오려면 이 알부리와 앞다리로 껍질을 깨뜨려야 합니다. 몇 시간 동안 계속해서 알부리로 껍질을 두드리다가 마침내 있는 힘을 다해 박치기하듯 껍질을 깨뜨립니다. 그리고 얼굴을 내밀어 숨을 쉬기 시작합니다.

그러니까 거북이가 알을 깨고 가장 먼저 나오는 곳은 머리와 얼굴이겠지요.

식인 조개가 있다고?

조개는 전 세계를 통틀어 12,000여 종이나 됩니다. 이 가운데 500종만 강이나 호수 등 민물에서 살고 나머지는 모두 바다에서 사는 것들이

수달은 자기 똥으로 뭘 하지?

지요. 크기는 못대가리만한 보석조개부터 호주 동인도에 사는 대왕조개에 이르기까지 많답니다.

이렇게 많은 조개 가운데 대왕조개는 어린이 한 명 정도는 삼킬 만큼 크답니다. 대왕조개를 잡다가 팔이나 다리를 조개 입 안에 넣었다가 닫히면 그 땐 목숨을 잃게 되지요. 실제로 대왕조개에게 1909년 사람이 물려 죽는 바람에 그 때부터 식인 조개로 불려지게 된 것이지요.

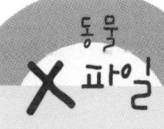

육지와 바다에서 사는 거북

거북은 머리, 몸통, 다리 세 부분으로 되어 있습니다. 바다에 사는 동물 가운데 유일하게 다리가 4개 달린 동물입니다. 발가락 사이에는 물갈퀴가 있어서 헤엄을 잘 치며, 허파(폐)로 숨을 쉬기 때문에 육지에서도 살 수가 있습니다.

거북은 으르렁거리는 소리를 내기도 한대요. 육지에 사는 거북은 주로 선인장이나 나뭇잎을 먹고 산답니다.

거북 요리는 서양에서 인기가 있습니다. 열대 지방에 사는 푸른바다거북으로 수프를 만들어 먹기도 한답니다. 식량이 부족할 때 원주민들은 고끼리거북을 잡아 삶아 먹었대요.

2장 바다에 사는 동물

새롬이의 호기심 파일

수족관에서 나는 이상한 소리

"기기기!~ 기기기!"

횟집 주인이 수족관에서 왕새우를 꺼내 놓자 왕새우들이 몸부림치며 '기-기' 하는 비명에 가까운 이상한 소리를 냈습니다.

"으왓! 새우가 운다!"

새롬이는 잡았던 왕새우를 도로 내려놓았어요. 그 때 외삼촌이 껄껄 웃으며 다가오셨어요.

"하하! 왜 그리 겁이 많니, 우리 새롬이기!"

"겁이 많아서가 아니고요. 왕새우가 살려 달라고 우는 것 같아요."

"왕새우가 운다고? 그래, 왕새우도 울지."

"그럼 눈물도 흘려요?"

"아니. 소리를 내는 것뿐이야. 그걸 사람들은 운다고 생각하는 거지."

"그렇다면 왕새우는 왜 소리를 내나요?"

새롬이는 왕새우가 왜 소리를 내는지 무척 궁금했습니다.

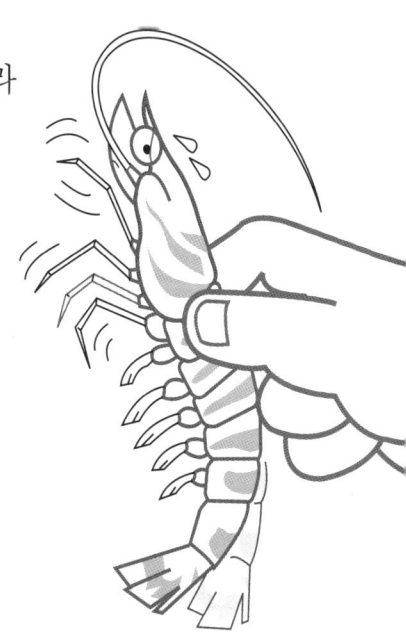

수달은 자기 똥으로 뭘 하지?

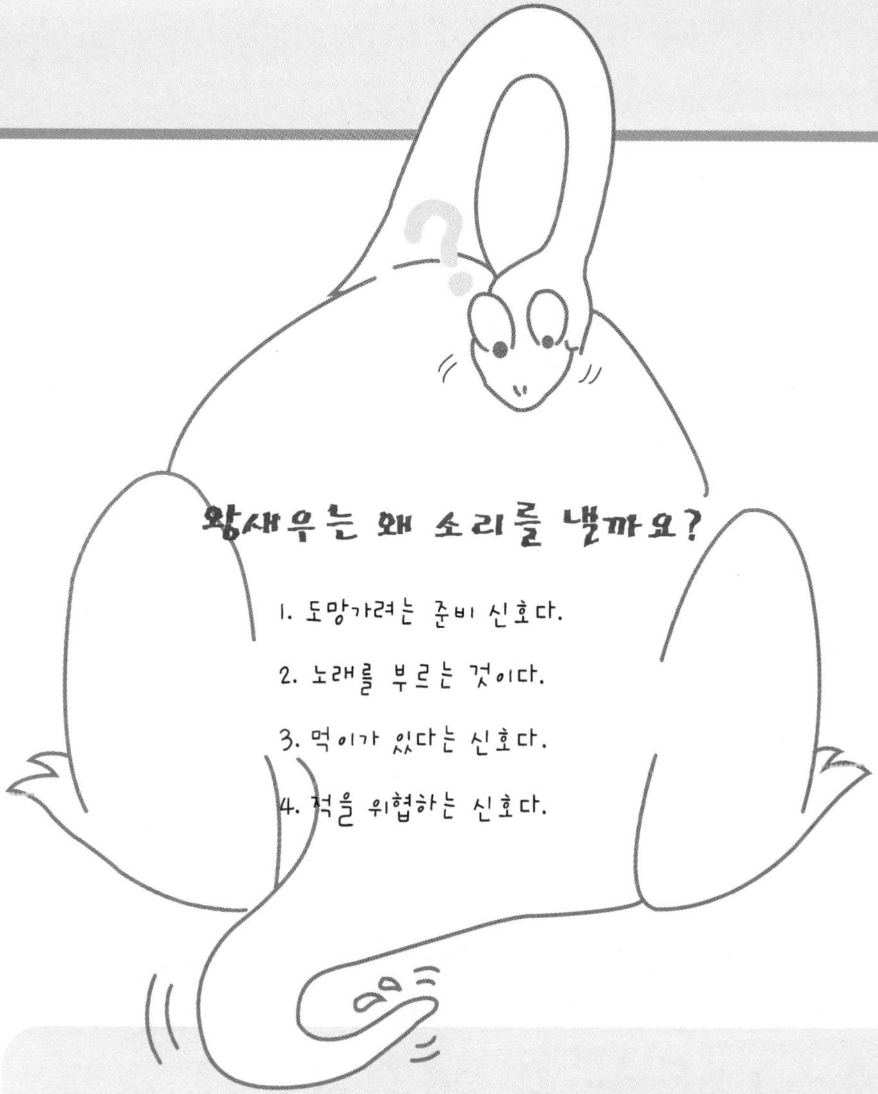

왕새우는 왜 소리를 낼까요?

1. 도망가려는 준비 신호다.
2. 노래를 부르는 것이다.
3. 먹이가 있다는 신호다.
4. 적을 위협하는 신호다.

왕새우는 긴 수염(더듬이)을 머리에 비벼서 소리를 냅니다. 긴 수염으로 뿌리의 옆 부분과 머리 옆 부분, 그리고 머리 껍데기의 솟아 오른 부분을 마찰시켜 소리를 냅니다. 그러니까 수염을 움직이면 소리가 나는 것입니다.

왕새우는 바닷속에서 이 소리를 내어 친구들과 교신을 하거나 문어 같은 적을 쫓아내기도 합니다.

정답 : 4

문어의 먹물로 붓글씨를 쓸 수 있을까?

문어의 먹물은 우리가 붓글씨를 쓸 때 사용하는 먹물과는 전혀 그 성분이 다릅니다. 먹은 탄소 가루로 만든 것이기 때문에 먹을 갈아서 쓰면 검게 잘 써지는 것입니다. 문어의 먹물은 단백질의 일종인 '멜라닌' 색소입니다. 이 멜라닌 색소는 시간이 지나면 썩게 됩니다.

문어의 먹물로 붓글씨를 쓰더라도 먹물처럼 검지는 않습니다. 처음엔 어두운 갈색을 띠지만 시간이 지나면 허옇게 되어서 글씨를 제대로 알아볼 수 없게 됩니다.

문어나 오징어는 왜 먹물을 뿌릴까?

바다에 사는 문어나 오징어는 돌고래나 큰 물고기들로부터 자신을 지키기 위한 무기를 갖고 있습니다. 바로 몸 안에 있는 먹물이지요.

돌고래 떼나 큰 물고기가 덤비면 일단 먹물을 쏩니다. 문어나 오징어 떼가 먹물을 쏘면 바다는 삽시간에 어둠으로 변합니다. 그 틈을 이용해 적들의 공격으로부터 벗어나는 거예요. 먹물은 한 마디로 방패인 셈이지요.

 오징어의 먹물은 덩어리진 채 잘 퍼지질 않습니다. 그러나 문어의 먹물은 연기처럼 확 퍼지는 성질이 있습니다.

게가 거품을 부글부글 내는 까닭은?

썰물이 되어 바닷가에 갯벌이 드러나면 게들이 하나 둘씩 갯벌 위로 나타납니다. 그런데 게들은 입에 거품을 물고 있어요. 그것을 보고 사람들은 흔히 '게가 밥짓는다'고 말합니다.

게는 물고기처럼 아가미로 숨을 쉽니다. 물이 몸 속으로 들어오면 아가미로 물 속의 산소를 끌어들입니다. 그런 다음 주둥이 양쪽에 있는 자그마한 숨구멍으로 산소를 들이마십니다. 게의 아가미가 물에 잔뜩 젖어 있다면 게는 육지에서도 숨을 쉴 수 있습니다.

게가 땅으로 올라와 아가미의 물기가 말라 숨쉬기가 힘들어지면 물의 흐름을 만들기 위해 턱에 붙어 있는 부채 모양의 것을 움직여서 물이 아가미로 흘러 들어가게 합니다. 그러나 공기 속에서는 아무리 이것을 움직여도 공기밖에 없으니 숨구멍에서 거품만 자꾸 나오게 되는 것입니다.

게가 거품을 부글부글 내고 있다면 숨이 매우 가쁘다는 표시입니다.

동물상식 추천사이트

www.koreanbear.com
http://hometown.weppy.com/~bauba

다음 사이트들은 www.iidle.co.kr에 링크 되어 있습니다.

www.koreanbear.com

지리산자연생태보존회는 지리산 반달곰의 서식 실태 조사와 멸종 위기에 놓인 야생 동물의 보호를 위해 활동하는 곳입니다. 이 사이트에서는 반달가슴곰, 호랑이, 표범, 여우, 뜸부기, 쇠물닭 등 여러 야생 동물의 사진과 관련 자료를 볼 수 있습니다

http://hometown.weppy.com/~bauba

한국의 민물고기는 우리 나라 민물고기 이야기와 종류, 사진, 구별 형태 그 밖의 수중 생물들을 찾아볼 수 있는 곳입니다.

3 숲에 사는 동물

숲은 오염 물질을 정화하고
산소를 공급해 주는 지구의 허파입니다.
이 소중한 숲에는 수많은 생물들이
자연의 법칙에 따라
사이좋게 살아가고
있답니다.
자연의 법칙을 거스
르며 사는 것은
사람뿐이라나요?

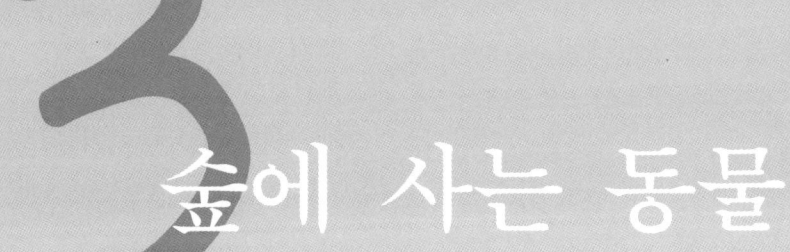

수달은 자기 똥으로 뭘 하지?

동물들은 자신의 배설물을 아주 쓸모있게 사용한답니다. 그 중에서도 수달은 자기 똥을 가지고 뭔가 중요한 일을 한다고 하네요. 수달이 어떤 일을 하는지 궁금하죠?

수달의 보금자리에 가 보면 그 주위에 항상 똥이 올려져 있는 것을 볼 수 있습니다. 이것은 수달이 자기의 영역을 표시하는 것입니다. 그래서 자신의 영역 주위에는 항상 똥을 놓아 둔대요.

수달의 생활을 연구하던 어떤 사람이 보금자리에 쌓여져 있던 똥을 물로 깨끗이 씻어내 보았더니 다음 날 아침에 또 똥을 올려 놓았더래요. 자기 땅이니 손대지 말라는 조용한 압력이겠지요?

수달은 조개를 어떻게 먹을까?

수달은 양손을 사용할 줄 아는 동물입니다. 수달은 조개를 잡으면 양손으로 잡고 돌에 내리쳐 조갯살을 먹는 지능이 매우 높은 동물입니다.

수달은 족제비?

수달은 오소리, 담비 등과 같이 '족제비과'의 동물입니다. 수달과 족제비는 짧은 네 다리와 물갈퀴를 가졌으며, 물을 좋아하고 헤엄을 잘 친다는 것 등 생긴 모양이나 습성에서 비슷한 점이 많습니다.

하지만 수달은 족제비보다 크고 온순합니다. 또한 영리하고 장난끼가 많으며, 훈련을 시키면 사람을 잘 따릅니다.

족제비는 헤엄을 잘 치지만 대부분 육지에서 혼자 생활합니다. 반면 수달은 강가에서 주로 물고기 등을 잡아먹으며 삽니다. 그래서 수달은 수중 생활을 하기에 알맞은 신체 조건을 갖고 있습니다.

수달의 머리와 코는 둥글며 눈은 작고 귀는 짧아서 털 속에 묻혀 있는데, 일단 물 속에 들어가면 코와 귀가 저절로 닫혀 물이 들어가지 않습니다.

다리는 배가 바닥에 닿을 정도로 짧고, 발가락은 앞 뒤 모두 5개이며, 앞 뒤 발바닥에는 물갈퀴가 있습니다. 그래서 땅에서는 느리지만 물 속에서는 매우 빠르게 헤엄칠 수 있습니다.

또한 수달의 털은 피부가 물에 젖지 않도록 해주며, 항상 따뜻하게 체온을 유지하도록 해 줍니다.

3장 숲에 사는 동물

새롬이의 호기심 파일

동강에서 만난 수달

새롬이는 강원도 정선군 동강으로 래프팅을 떠났습니다. 강줄기를 따라 내려갈 때마다 굽이치는 거센 물살에 보트는 하늘로 솟았다가 내리꽂히며 흘러갔습니다.

백룡동굴 부근 백사장에 잠시 보트를 대 놓고 휴식을 취하는데 수달이 사람들을 보고 쏜살같이 물 속으로 들어갔습니다.

"수달이다!"

"저쪽으로 갔어. 가서 잡자!"

아이들은 수달을 잡으려고 소리를 지르며 우르르 달려갔습니다.

이 때 선생님께서 무척 화난 표정으로 소리를 지르셨습니다. 아이들은 모두 꿈쩍 못 하고 그 자리에 서고 말았지요.

"어서 이 곳을 떠나자! 여기는 우리처럼 자격 없는 사람들이 쉴 곳이 못 된다. 여긴 수달이 사는 곳이야."

"선생님, 수달 집이 안 보이는데요?"

"수달은 너희들이 모르는 곳에 집을 짓고 살지. 너희들이 아무리 찾아도 수달이 사는 집을 찾지 못할 거야."

새롬이는 수달이 사는 곳이 수풀 어딘가에 있을 거라고 생각했습니다. 과연 수달이 사는 집은 어디일까요?

수달은 자기 똥으로 뭘 하지?

수달은 어디에 집이 있을까?

1. 강가 땅 속
2. 강물 속
3. 나무 위
4. 강가 바위 틈

수달은 물이 있는 곳을 좋아하고 발톱이 약하기 때문에 땅을 파서 보금자리를 만들지 못합니다. 그래서 자연적으로 생겨난 구멍 혹은 바위 틈에 나뭇가지나 낙엽을 깔고 산답니다. 낮에는 주로 보금자리에서 쉬고 밤에만 먹이를 찾아 나옵니다.

수달은 일급수의 맑은 물에서만 살며 먹이는 주로 비늘이 적은 메기, 가물치, 미꾸라지 등을 잡아먹습니다. 그리고 개구리나 게 또는 물오리도 잘 먹는 것으로 알려져 있습니다.

정답 : 4

3장 숲에 사는 동물

수달 — 천연기념물 제330호

수달은 유럽, 북아프리카, 아시아에 널리 분포하며 우리 나라도 어느 곳에서나 볼 수 있었던 동물입니다. 하지만 털가죽을 얻으려는 사람들의 무분별한 사냥과 하천의 황폐화로 멸종 위기에 있습니다.

수달은 1982년 11월 4일 천연기념물 제330호로 지정되었습니다. 우리 나라에서 수달이 살고 있는 곳은 강원도 영월 동강이 대표적인 곳입니다.

소금쟁이는 왜 물에 젖지 않나?

소금쟁이는 몸이 아주 가벼워 물 위에 떠 있어도 물 속으로 빠지지 않습니다. 더구나 가벼운 몸을 지탱해 주는 다리엔 가는 털이 많아서 물에 젖지 않아요. 몸이 가벼운 소금쟁이는 물에 떠 있다가 다리로 물을 차면서 물 위를 돌아다닙니다.

그리고 앞 다리 끝에 나 있는 털은 다른 곤충의 접근을 알 수 있대요. 곤충이 물 위에 닿으면 물결로 그것을 느낍니다. 그리고 가늘고 긴 바늘 모양의 입을 곤충의 몸에 깊숙이 꽂습니다. 그런 다음 체액을 빨아먹는 물 위의 사냥꾼입니다.

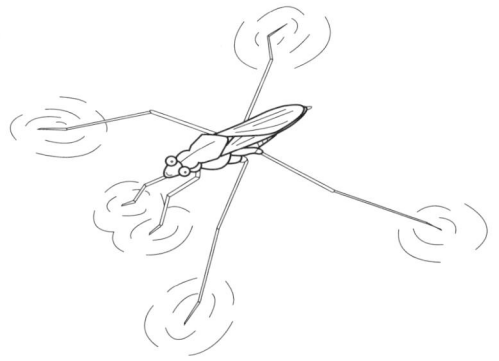

수달은 자기 똥으로 뭘 하지?

그 많던 송사리는 다 어디로 갔지?

여름에 그렇게 많던 송사리가 가을이 되면 한 마리도 보이지 않습니다. 송사리는 모두 어디로 갔을까요?

날씨가 더운 여름 동안 송사리 떼는 알을 낳고 매우 건강하게 활동합니다. 그러다 가을이 되어 날씨가 서늘해지면 송사리들은 겨울 날 준비를 하게 됩니다.

송사리의 겨울 준비란 바로 깊은 물 속으로 들어가는 것이랍니다.

깊은 물 속에 들어간 송사리들은 바닥에 깔려 있는 나엽이니 진흙 속에 몸뚱이를 파묻듯이 숨기고 조용히 새봄이 오기를 기다립니다. 물론 먹이도 먹지 않습니다. 그러다가 봄이 되어 물의 온도가 섭씨 10도 내외가 되면 비로소 활동을 시작하게 됩니다.

물고기의 몸은 왜 미끈미끈할까?

강이나 바다에서 물고기를 손으로 잡으려고 하면 쏙쏙 잘도 빠져 나가지요. 그것은 물고기의 몸이 미끈거리기 때문입니다.

그러면 물고기의 몸은 왜 미끈미끈할까요? 사람에게 잡혔을 때 빨리 도망가려고 그럴까요? 그러나 죽은 물고기도 미끈거리기는 마찬가지랍니다.

물고기의 비늘 사이에서는 끈적한 액체가
나옵니다. 이것을 '점액'이라고 하는데 이것 때문에 몸이 미끈거리지요. 물고기는 이 점액으로 물과의 마찰을 작게 하면서 빨리 헤엄칠 수 있는 것입니다. 또한 이 점액은 몸을 보호하는 구실도 합니다.

죽은 물고기의 몸이 미끈거리는 것은 죽어 있는 세포에서도 점액이 나오기 때문입니다.

 물고기는 물 속 생활에 편리한 여러 가지 기관들을 가지고 있습니다. 아가미는 물 속 호흡을 도와주고, 부레는 뜨고 가라앉는 것을 조절해 주며, 지느러미는 몸의 균형을 유지시켜 헤엄을 잘 치게 해 줍니다. 또한 물고기에게는 몸통 가운데에 작은 구멍들로 이어진 옆줄이 있는데, 이것은 물의 흐름이나 진동, 수온 또는 물의 깊이를 알 수 있게 해 줍니다.

잉어도 겨울잠을 잔다고?

겨울이 되면 산이고 들이고 강이고 모두 꽁꽁 얼어붙지요. 그런데 이렇게 강물이 꽁꽁 얼면 그 속에 사는 물고기들은 어떻게 할까요? 특히 몸집이 큰 잉어는 어떻게 살까요?

추운 겨울이 되어 물의 온도가 낮아지고 더구나 얼음까지 얼면 잉어는 활동을 멈추고 사는 곳을 더 깊은 곳으로 옮깁니다. 그리고는 밑바닥의 진흙을 파고 들어가 조용히 겨울이 지나갈 때까지 쉬게 됩니다.

잉어도 곰이나 다람쥐처럼 겨울잠을 자는 것이지요.

메기의 주둥이 옆에 있는 것은 수염일까?

메기의 매력은 뭐니뭐니해도 주둥이 옆에 길게 나 있는 수염이에요. 수염이 멋진 사람에게 '메기 수염 같다'고 말합니다.

그런데 주둥이 옆에 길게 난 것은 원래 수염으로 난 털이 아니라 살갗이 변해서 길어진 것이래요. 사람들이 부르는 메기 수염은 고양이 수염의 역할과 비슷합니다. 고양이가 좁은 곳도 수염으로 더듬으며 잘 가듯이 메기도 이 수염으로 물 속의 상황을 파악하는 것입니다. 한 마디로 메기는 '강물 속에 사는 고양이'라고 할 수 있습니다.

메기가 사람의 손에 잡히면 고양이처럼 쉰 목소리를 내는데, 이 때문에 영국 사람들은 메기를 일컬어 '고양이 물고기'라고 부릅니다.

열목어는 환경 지킴이?

열목어는 깨끗하고 오염되지 않은 하천 상류에서 살기 때문에 '생태계의 첨병'으로 이름 붙여졌습니다. 왜 그럴까요?

열목어가 살아갈 수 있는 환경은, 첫째 물이 맑고 오염되지 않아야 합니다. 둘째는 한 여름에도 물의 온도가 20도 이하를 유지할 수 있어야 합니다. 셋째는 수달 등으로부터 몸을 숨길 수 있도록 바닥에 큰 돌이나 바위가 깔려 있고, 물의 양이 풍부해야 합니다. 넷째는 물 속의 산소 함량이 6피피엠(PPM) 이상이 되어야 합니다. 또한 열목어가 사는 주변에는 수목이 우거져 하늘에 노출되지 않아야 하는 등 아주 까다로운 조건을 가지고 있습니다.

그렇기 때문에 열목어가 산다는 것은 생태계가 유지되고 있다는 증거입니다. 열목어가 살 수 있는 환경을 만드는 것, 이것이 바로 환경을 지키는 일이겠지요?

수달은 자기 똥으로 뭘 하지?

물고기도 잠을 자나요?

　세상에서 잠을 자지 않는 생물은 없겠지요. 그러니 당연히 물고기도 잠을 잔답니다. 물고기는 낮잠을 자는 물고기와 밤잠을 자는 물고기 두 종류가 있어요.

　낮잠을 자는 물고기는 뱀장어, 붕장어, 곰치, 가자미, 넙치 등이고, 밤잠을 자는 물고기는 놀래기, 송어, 잉어, 숭어 등입니다. 넙치나 가자미는 모래에 몸을 파묻고 낮잠을 자고, 밤이 되면 활발히 활동하는 야행성이에요. 곰치나 붕장어도 낮 동안에 바위 구멍에 몸을 숨기고 잠 자다가 밤이 되면 나와 깊은 잠에 빠진 다른 물고기들을 잡아먹지요.

　잉어나 송어는 밤에 강 밑바닥에 몸을 비비며 잠을 잔대요. 물론 눈을 뜨고 말이에요. 열대어인 엔젤피시는 밤에 물 위에 떠서 잠을 자는데, 이것은 산소가 부족해서 물 위로 떠오르는 건 아니니까 안심하세요. 절대로 죽은 게 아닙니다.

　그런가 하면 가다랭이나 정어리는 밤이든 낮이든 상관없이 틈틈이 적당한 장소를 골라 잠을 자는 실속파랍니다.

　또한 눈꺼풀이 있는 물고기는 복어뿐이에요. 복어는 잠을 잘 때 눈을 감기도 하고 깜박거리기도 합니다.

벌은 독침을 쏘고 나면 죽을까?

벌은 독침을 쏘고 나면 죽는다는 말이 있습니다. 그럼 모든 벌이 다 그럴까요?

벌이 독침을 쏘게 되면 내장의 일부분이 찢어지면서 죽습니다. 그러나 모든 벌이 한 번 독침을 쏘았다고 죽지는 않습니다. 꿀벌은 독침을 한 번 쏘면 죽지만 긴다리벌 같은 경우는 몇 번씩이나 독침을 쏠 수 있습니다.

벌의 독침은 여왕벌과 일벌에게 있는데, 여왕벌은 사람에게는 독침을 쏘지 않고 일벌만 사람에게 독침을 쏜답니다. 물론 벌들은 자기를 해치려고 할 때만 독침으로 공격하는 거랍니다.

♣ 깜짝 퀴즈

침은 벌의 몸 어느 곳에 있을까요?

① 입　　　　② 머리　　　　③ 엉덩이

정답 : ③

꿀벌은 꿀을 어떻게 운반할까?

일벌은 꿀을 주둥이로 빨아 몸 속에 있는 '꿀자루'에 담아서 운반합니다. 이 꿀자루는 '위'의 바로 앞쪽에 있습니다. 이 꿀자루는 '소화기'가 퍼져서 자루가 된 것입니다. 꿀자루에는 마개가 있어서 꿀이 위 속으로 들어가지 않습니다.

일벌이 꿀자루에 꿀을 채워 오면 벌집에서는 어린 일벌들이 꿀을 받아서 꿀 창고에 저장합니다. 이 꿀이 바로 겨울 양식입니다.

 ### 나비가 꿀을 먹는 법

나비는 꽃을 옮겨다니며 꿀을 먹고 산답니다. 그런데 나비가 꿀을 먹을 때 입 안에 있는 긴 대롱으로 빨아먹는대요. 꿀을 발견하면 입 안에서 기다란 대롱이 나온다니 놀랍지요?

새롬이의 호기심 파일

꽃이 있는 곳에 나비가 있다

따스한 봄날, 새롬이는 혜영이와 함께 양재천 자전거 도로에서 킥보드를 탔습니다.

그런데 잘 정돈된 꽃밭에 노랗고 하얀 나비들이 어지러이 날고 있었습니다. 꽃 있는 곳에 나비가 찾아든다는 말이 실감났습니다.

새롬이는 꽃밭의 나비들을 보면서 문득 이런 생각을 했습니다.

'나비는 어떻게 꿀을 찾아 낼까?'

새롬이는 나비가 꿀 있는 꽃을 어떻게 알고 찾아가는지 궁금했습니다.

"혜영아, 나비는 어떻게 꿀이 있는 꽃을 찾아 낼까?"

"그거야, 꿀 냄새나 꽃 향기를 맡고 알아낼 테지."

혜영이의 말을 듣고 보니 그런 것 같았습니다. 하지만 자세히 관찰해 보니 꿀이 없는 꽃에도 나비가 열심히 날아다니고 있었습니다.

"혜영아, 저 꽃은 꿀이 없는데 왜 나비들이 날았다 앉았다 할까?"

"글쎄?"

나비는 어떻게 꿀을 찾아 낼까?

1. 꽃 향기를 맡고 찾는다.
2. 꽃 색깔을 보고 찾는다.
3. 다리로 맛을 보고 찾는다.

　　　　　흔히 나비가 꽃 향기를 맡고 찾아간다고 생각하기 쉽지만, 나비는 자신이 좋아하는 꽃의 색깔을 보고 찾아갑니다. 나비는 보라색과 노란색을 좋아합니다. 하지만 나비에게 색깔의 아름다움은 중요하지 않습니다. 단지, 꿀을 따 먹는 것만이 목적입니다.
　그래서 나비는 먼저 꽃 속에 꿀이 있는지 없는지 봅니다. 나비의 눈은 자외선을 볼 수 있기 때문에 꽃 속에 숨어 있는 꿀을 볼 수 있습니다.
　그리고 나비는 다리를 꽃 속에 넣고 맛을 봅니다. 나비의 다리에는 단맛을 알아내는 기관이 있어서 꿀을 정확히 찾아낸답니다.

정답 : 3.

3장 숲에 사는 동물

나비도 소리를 낼 수 있을까?

대부분의 나비는 소리를 내지 못합니다. 하지만 브라질에 사는 '펠로니어'는 날아가면서 '탁탁' 소리를 냅니다.

그렇다면 나비는 몸의 어느 곳에서 소리가 날까요?

나비는 앞날개를 뒷날개로 비비면서 소리를 내는 것이 있는가 하면, 뒷다리를 서로 비비면서 소리를 내는 것도 있습니다.

게다가 번데기 때부터 소리를 내는 나비도 있습니다. 특히 '갱조개나비'의 번데기들은 어느 것이나 소리를 '색색' 냅니다.

잠자리는 먹이를 어떻게 잡을까?

잠자리는 모기, 파리, 나비 등 주로 인간에게 해로운 곤충들을 잡아먹습니다. 이 먹이들은 대개 잠자리의 머리통보다 크기 때문에 발을 바구니처럼 만들어서 잡습니다. 그리고 먹이를 나뭇가지나 나뭇잎 등 안전한 곳으로 운반한 다음 잘 발달된 턱을 놀리면서 꼭꼭 씹어서 삼킵니다.

잠자리는 다리가 매우 길고 튼튼해서 먹이를 가지고도 안전하게 날 수 있으며, 죽은 먹이는 먹지 않는다고 합니다.

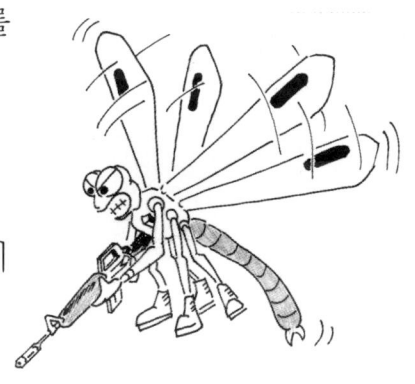

왜 하루살이라고 부를까?

'하루살이' 란 이름은 하루만 살다가 죽는다고 해서 붙여진 이름이라고 많이 알고 있습니다. 그러나 하루살이를 관찰한 결과, 평균 2~3일 정도 사는 것으로 밝혀졌습니다.

하루살이란 이름은, 결혼한 뒤 하루 만에 죽기 때문에 붙여진 이름이라고 합니다.

하루살이 애벌레는 깨끗한 것을 몹시 좋아합니다. 그래서 물의 오염에 매우 민감하게 반응합니다.

 하루살이는 알 → 애벌레 → 성충 의 과정을 거치는 곤충이지요. 애벌레의 기간은 놀랍게도 약 2년 정도나 된답니다.

개똥벌레는 왜 빛을 낼까?

개똥벌레는 개똥벌레과에 속하며, 크기는 보통 1.2~1.8센티미터입니다. 그리고 가슴은 붉고, 날개는 검지요.

우리가 개똥벌레를 잡아 꽁무니를 뒤집어 보면, 수컷은 배 앞쪽 첫째 마디에, 암컷은 배 뒤쪽 둘째 마디에 빛나는 부분이 있답니다. 이 부분에 투명한 막이 있고 그 속에 빛을 내는 발광 세포가 있어요. 이 세포 속에는 루시페린이라는 물질이 있어서 효소인 루시페라제가 산소와 결합하여 빛을 내게 됩니다. 이 때 나오는 빛은 열이 없는 차가운 빛이랍니다.

개똥벌레는 수컷과 암컷이 서로에게 자기를 알리기 위해 빛을 냅니다. 땅거미가 질 무렵 수컷과 암컷이 풀숲에 나타나, 서로 빛으로 신호를 보내다가 짝짓기를 한 뒤에 알을 낳게 되지요. 수컷은 보통 5초에 한 번씩 빛을 내며, 암컷은 10초에 한 번씩 빛을 냅니다.

반딧불이라고 불리는 개똥벌레는 애벌레일 때 다슬기를 잡아먹고 자랍니다. 다슬기는 깨끗한 물에서 살기 때문에 하천이 오염되면 다슬기가 사라지고 그렇게 되면 개똥벌레도 살아갈 수가 없습니다.

무당벌레는 위험을 느끼면 어떻게 할까?

무당벌레는 위험을 느끼면 다리에서 노란 즙을 낸답니다. 적들이 노란 색깔을 보고 가까이 오지 못하도록 하는 일종의 위협 신호인 셈입니다.

무당벌레는 진딧물을 잡아먹고 사는 아주 이로운 곤충입니다. 몸 색깔이 화려해서 사람들은 무당벌레라고 부릅니다. 그런데 이 화려한 모습은 적들에게 자신은 맛없는 먹이니까 잡아먹지 말라는 표현이라니 놀랍지요?

무당벌레는 이런 지혜로 냉혹한 자연의 세계에서 살아가고 있는 것입니다.

귀뚜라미가 우는 까닭은?

귀뚜라미는 8월 중순에서 10월 말까지 나타나는 야행성 곤충입니다. 제일 먼저 가을을 알리는 전령사이지요.

귀뚜라미는 자기의 영역을 다른 귀뚜라미들에게 알리려고 우는 것입니다. 예를 들어 왕귀뚜라

미의 경우, 영토의 반지름이 약 4미터 정도인데 그 영역 안으로 다른 귀뚜라미가 들어오지 못하도록 경고하는 것입니다.

또 다른 까닭은 암컷이 가까이 접근했을 때 암컷을 부르기 위해서라고 합니다.

거미의 맛있는 식사?

거미줄에 한번 걸린 곤충들은 도망가지 못하고 꼼짝없이 거미의 밥이 되고 맙니다. 거미에게는 줄 말고도 다른 무기가 있는데 바로 위턱에 있는 날카로운 어금니와 그 어금니에서 나오는 독입니다.

이 독은 사람에겐 별로 해가 되지 않지만 곤충에겐 죽음이지요. 일단 거미줄에 먹이가 걸려 들면 거미줄로 돌돌 말은 다음 어금니로 찔러서 독을 주사하면 곧 움직이지 못하지요.

거미는 먹이를 거의 씹어 먹지 않고 입에서 나오는 독으로 먹이를 녹입니다. 이 녹은 즙을 위가 마치 펌프처럼 입으로 빨아들입니다. 나중에 보면 먹이는 빈 껍데기만 대롱대롱 매달려 있게 되지요. 몸 안에 있던 살은 모두 입 속으로 빨려들어간 것이에요.

어쨌든 거미 몸 속에 독이 있다는 생각에 사람들은 가까이 가지 않으려고 합니다. 다행인 것은 우리 나라에는 독거미가 살지 않습니다. 하지만 거미는 인간에게 해로운 곤충들을 없애 주는 청소부입니다.

달팽이는 언제부터 집을 지고 다닌 걸까?

달팽이는 알을 까고 나올 때부터 등에 둥근 나선형의 껍질로 된 집을 짊어지고 있답니다.

달팽이는 어미가 머리로 흙을 파고 그 속에다 알을 낳은 지 10일 정도 되면 알에서 깨어나 세상에 나옵니다.

달팽이의 몸은 한 마리가 암컷인 동시에 수컷이라는 게 특징입니다. 이런 것을 '암수 한몸'이라고 하지요.

물자라는 왜 등에 알을 지고 다니나?

햇볕이 쨍쨍 내리쬐는 여름이 되면, 연못에서 암컷 물자라가 수컷 물자라 등에 올라가 끈적끈적한 알을 낳습니다. 그러면 수컷은 적으로부터 알을 보호하며 햇볕도 따뜻하게 쬐여 줍니다.

약 2주일이 지나면 알껍질이 찢어지며 애벌레가 나옵니다. 애벌레는 작은 생물들의 체액을 빨아먹고 여러 번 껍질을 벗으며 자랍니다. 그런 다음엔 아빠 물자라 등에서 벗어나 연못에서 독립된 생활을 한답니다. 그러니까 수컷 물자라는 새끼들이 무사히 알을 깨고 나올 때까지 등에 알을 지고 다니는 거랍니다. 수컷 물자라의 사랑이 대단하지요?

새롬이의 호기심 파일

양재천의 지렁이

며칠 동안 장마비가 내리더니 오후가 되어서야 햇님이 방긋 웃으며 나타났습니다.

새롬이는 물이 불어난 양재천이 보고 싶었습니다. 혹시라도 붕어들이 웅덩이에서 놀고 있을지 모른다는 생각에 양재천으로 갔습니다.

새롬이가 양재천으로 들어서자 제일 먼저 눈에 띈 것은 지렁이였습니다. 습한 땅에 지렁이들이 나와 어디론가 열심히 기어가고 있었습니다.

새롬이는 지렁이가 기어가는 모습을 열심히 들여다 보다가 문득, 머리가 어느 쪽인지 궁금했습니다. 그런데 지렁이는 가늘고 길고 부드러우면서 앞뒤가 똑같이 생겨서 어느 쪽이 머리인지 알 수가 없었습니다.

지렁이의 머리는 어디일까요?

지렁이는 어느 쪽이 머리일까요?

1. 양쪽에 다 있다.
2. 중간에 있다.
3. 환대가 있는 쪽이 머리이다.

지렁이는 대개 100개 정도의 마디로 되어 있습니다. 자세히 보면 한쪽에 약간 두껍고 주위와 색이 다른 매끈매끈한 띠 같은 것을 볼 수 있습니다. 이것을 '환대'라고 하는데, 그 환대가 있는 쪽에 머리가 있습니다.

보통은 지렁이가 나아가는 쪽이 머리이고, 그 반대쪽이 꼬리입니다. 하지만 때로는 뒤로 기어가는 지렁이도 있다고 하네요.

정답 : 3

3장 숲에 사는 동물

쉿, 개구리가 겨울잠을 잔대요!

'겨울에 잠자는 동물' 하면 개구리, 뱀, 곰 이런 동물들이 떠오르지요? 그 중에 개구리는 언제 겨울잠을 자러 들어갈까요?

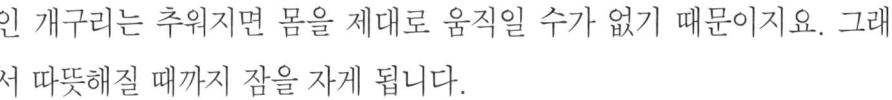

개구리는 바깥 기온이 섭씨 8도 정도가 되면 겨울잠에 들어갑니다. 체온이 주변의 온도에 따라 변하는 변온 동물인 개구리는 추워지면 몸을 제대로 움직일 수가 없기 때문이지요. 그래서 따뜻해질 때까지 잠을 자게 됩니다.

섭씨 8도 정도에 겨울잠을 자기 시작해서 섭씨 5~6도가 되면 깊은 잠에 빠진대요.

쉿, 가만히 귀 기울여 보세요. 개구리의 코 고는 소리가 들리지 않나요?

 황소개구리는 겨울잠을 자지 않고 물 속에서 생물들을 잡아먹는대요. 우리 나라 자연 생태계를 파괴하는 황소개구리를 퇴치하기 위해 '황소개구리 퇴치 운동 본부'까지 생겼답니다.

개구리는 물 속에서도 숨을 쉴까?

개구리는 올챙이 적엔 물고기와 똑같이 아가미로 숨을 쉬지만 뒷다리가 생겨 땅에 오르면 허파와 피부로 숨을 쉽니다.

개구리는 헤엄은 쳐도 잠수는 잘 하지 않습니다. 이런 습성 때문에 물에서 울 때도 코는 물 밖으로 내어 놓는답니다. 그렇지 않으면 계속 울 수가 없기 때문입니다.

개구리가 물 속에 있을 때에는 숨을 쉬지 않습니다. 물고기도 물 속에 산소가 부족해지면 빠끔빠끔거리며 물 밖에서 산소를 마셔야 합니다.

고래나 그 밖의 해양 동물이나 물새들도 물 속에 있는 동안 숨을 멈추고 있답니다.

이게 물배예요!

 잠수를 하는 동물들은 숨을 쉬지 않고도 오래 견딜 수 있는 구조를 갖고 있습니다. 특히, 인어라고 부르는 듀공은 낮 동안 바다 밑바닥에 있을 수 있답니다. 우리 나라 제주도의 해녀들도 오랫동안 잠수할 수 있지요.

비가 오기 전에 청개구리는 왜 울까?

청개구리는 건조한 것을 싫어합니다. 그래서 물가나 습기가 있는 곳에서 산답니다. 그런데 여기엔 청개구리의 신체적 비밀이 숨겨져 있습니다.

청개구리의 몸은 비늘이나 털 대신 수많은 분비 세포에서 나오는 분비액으로 감싸여 있습니다. 만일 청개구리의 피부에 분비액이 없다면 물을 그대로 통과시켜 건조해지고, 몸 안의 수분은 점점 줄어들어 살 수가 없게 됩니다.

청개구리의 울음 주머니는 수컷만 있고 번식기가 되면 요란한 울음소리를 냅니다. 비가 오기 전엔 습도가 높아지기 때문에 몸의 상태가 좋아져 기쁨의 합창 소리를 내는 것입니다. 그렇기 때문에 청개구리는 비가 올 것 같으면 낮에도 웁니다. 하지만 다른 개구리는 밤에 우는 경우가 많습니다.

어머니를 물가에 묻었다가 비가 오면 운다는 청개구리의 이야기는 모두 알고 있겠죠? 여러분도 나중에 후회하지 말고 부모님 말씀을 잘 듣도록 하세요.

뱀의 조상은 다리가 있었대?

　뱀을 좋아하는 사람들은 아주 드물 거예요. 생긴 모습이 징그럽고 독을 뿜기도 하니까 사람들이 싫어합니다.

　그러나 전 세계적으로 뱀에 물려 죽는 경우보다 벌에 쏘여 죽는 사람들이 더 많다니 놀랍지요?

　원래 뱀의 조상은 도마뱀과 같은 종류였대요. 그 증거는 원시적인 뱀 종류인 비단뱀에게 뒷다리 흔적이 있었기 때문입니다. 뱀은 현재 약 27,000종이나 있는데 모두 다리는 없습니다.

　그럼, 다리도 없는 뱀이 어떻게 움직일 수 있을까요?

　뱀의 몸은 비늘로 덮여 있습니다. 이 비늘은 물고기처럼 한 장씩 독립되어 있는 것이 아니라 연결되어 있습니다. 특히 아랫배 부위의 비늘은 지붕의 기와처럼 꼬리 쪽을 향하고 있는데, 몸을 꼬아 그 휘어지는 정점을 땅에 붙이고 나아갑니다. 아랫배 부위를 복판이라 하며, 이 곳엔 근육이 붙어 있어 움직입니다.

　뱀이 움직이는 방법엔 세 가지가 있습니다. 가장 평범한 것은 앞에 이야기한 방법이며, 둘째는 아코디언식으로 꼬리를 움직이지 않고 목 부분을 앞으로 뻗고 움직이는 방법, 셋째는 머리를 움직이지 않고 꼬리를 끌어 올려 움직이는 방법입니다. 큰 뱀은 이 방법으로 전진합니다.

그런데 사막에 사는 독사가 움직이는 방법은 매우 독특합니다. 꼬리가 지면에 닿자마자 머리를 다음 지점에 대어 몸을 굴리듯이 빠른 속도로 옆으로 달린답니다. 이 뱀을 사막방울뱀(사이드와인더 뱀)이라고 부릅니다. 방울뱀도 이에 속합니다.

뱀이 일 주일을 굶고도 사는 까닭은?

뱀 같은 파충류의 몸의 온도는 기온에 따라 달라지는데 기온이 높으면 생리 작용이 왕성해지고 먹이의 소화도 빨리 진행됩니다. 그러나 기온이 낮으면 모든 기능이 느려지고 무뎌지기 때문에 소화시키는 데도 오랜 시간이 걸립니다.

비단뱀같이 큰 뱀은 토끼를 한 마리 먹으면 한 달 동안은 먹지도 않고 운동도 하려고 들지 않습니다. 그리고 삼킨 토끼가 서서히 꼬리 부분으로 내려가는 걸 알 수 있는데, 이를 소화시킨 뒤에야 다른 먹이를 먹습니다.

그러니까 토끼 한 마리쯤 먹은 후라면 뱀이 일 주일을 굶는 건 문제 없겠죠?

뱀이 혀를 날름거리는 까닭은?

뱀이 혀를 날름거리는 것은 공기중의 냄새와 진동을 알아내기 위해서 입니다. 뱀의 혀 속에는 야콥슨 기관이라고 하는 냄새를 맡는 곳이 있습니다.

그래서 뱀은 혀를 날름거려서 먹이가 있는 거리와 방향까지 알아낸답니다. 뱀은 입을 다문 채로 혀를 날름거립니다. 자세히 보면 주둥이의 끝 한가운데에 구멍이 뚫려 있어서 그 곳으로 날름거리는 것입니다.

 **뱀을 보호합시다!**

2000년부터 뱀을 잡거나 잡아먹는 사람들은 자연보호법에 의해 처벌을 받게 되었습니다. 자연이 훼손되면서 뱀의 숫자가 줄어들어 생태계 파괴가 일어나고 있기 때문입니다. 뱀의 숫자가 줄어들면 개구리나 들쥐의 숫자가 늘어나 생태계의 균형이 깨져 혼란이 오기 때문이지요.

동물상식 추천사이트

www.wildlife.re.kr
www.otter.or.kr

다음 사이트들은 www.iidle.co.kr에 링크 되어 있습니다.

www.wildlife.re.kr

한국야생동물연구소는 한국 포유 동물의 생태와 보호 복원 기법 등을 연구하는 곳입니다. 이 사이트에서는 포유 동물 도감·수달 생태 천연기념물·멸종 위기종(사진) 등에 대한 자료가 정리되어 있으며, 포유 동물의 생태를 조사하는 조사단이 각지에서 활동하는 사진과 자료 등도 볼 수 있습니다. 보호 활동은 먹이 제공, 치료 약품, 수술, 응급 구조 등이며, 이것은 회원들이 내는 야생 동물 보호 기금으로 이루어지고 있습니다.
야생 동물에게 관심과 사랑을♥!

www.otter.or.kr

한국수달보호협회는 한국 수달에 대한 연구와 적극적인 보호 활동을 하고 있습니다. 이 사이트에서는 수달에 관련된 생태 자료와 귀여운 수달 캐릭터도 만날 수 있습니다. 또한, 다친 수달을 위한 응급 조치와 치료법 등 여러 가지 보호 활동도 소개하고 있답니다. 어린이 여러분, 우리들의 수달을 사랑해 주세요.

4 세계의 야생 동물

먹고 먹히는 약육강식의 법칙,
상상을 초월하는 혹독한 자연 환경….
이것이 바로 야생 동물의 세계에 존재하는 자연의
법칙이랍니다.
자연의 법칙이 살아 숨쉬는
야생 동물의 고향
아프리카와
희귀한 동물의
나라 오스트레일
리아, 상상을 초
월하는 자연 환경
에 적응하며 살아가
는 극지방과 사막의 동
물들을 찾아서,
출발!

홍수가 나면 코끼리들은 어떻게 되지?

코끼리는 원래 물을 좋아합니다.

물이 적은 강을 건널 때는 강바닥에 발을 붙이고 걷습니다. 물이 깊으면 콧구멍만 위로 내놓고 걷지요. 그리고 물이 너무 깊어 코의 길이가 부족하면 콧구멍만 내놓고 개처럼 헤엄을 쳐서 강을 건너갑니다. 코끼리가 헤엄을 잘 치는 것은 몸집은 커도 물에 굉장히 잘 뜨기 때문이랍니다. 물 속에 들어가 있는 코끼리 위에 5~6명의 사람이 올라타도 끄떡하지 않는대요.

그러니까 홍수가 나더라도 걱정할 게 없겠지요.

 인도에서는 코끼리 80마리를 6시간이나 헤엄치게 했다는 기록이 있습니다. 또 아프리카에서는 나일강을 9킬로미터나 헤엄친 일이 있답니다.

코끼리의 상아는 무얼까?

코끼리는 덩치가 워낙 커서 사납기로 소문난 짐승들도 함부로 덤비지 않습니다. 그런데 초원의 왕 코끼리가 사람들을 가장 무서워한대요. 왜냐하면 코끼리의 상아를 탐내는 사냥꾼들 때문이지요.

상아는 코끼리의 위턱에 나서 입 밖으로 길게 뻗어 나온 두 개의 송곳니를 말합니다. 아프리카코끼리는 암수 모두 길게 자라는데 수컷의 상아는 길이가 3.5미터나 되는 것이 있습니다. 인도코끼리는 수컷의 경우 3미터 이상 되는 것도 있지만 암컷은 발육이 안 좋아서 입 밖으로 겨우 보일 정도입니다.

상아는 장식용으로 비싼 값에 팔리기 때문에 사냥꾼들의 표적이 되어 많은 코끼리들이 죽임을 당했습니다.

인도코끼리와 아프리카코끼리의 다른 점

코끼리는 인도코끼리와 아프리카코끼리가 있습니다. 인도코끼리는 아프리카코끼리보다 덩치가 작습니다.

구별 방법은 인도코끼리는 이마가 갈매기 모양으로 올록볼록하지만 아프리카코끼리는 머리가 둥급답니다. 또한 아프리카코끼리의 귀는 둥글고 커서 어깨를 덮을 정도인데 인도코끼리의 귀는 그보다 작습니다.

4장 세계의 야생 동물

동물 X파일

코끼리 코는 뱀?

고대 로마 사람들은 코끼리를 가리켜 양 눈 사이에 뱀이 있는 동물이라고 불렀답니다. 아마 코가 뱀처럼 보였던 모양입니다.

코끼리의 긴 코는, 윗입술과 코가 합쳐져서 늘어난 것이랍니다. 코끼리의 코는 5만 개가 넘는 근육 섬유로 이루어져 콩 한 알도 주울 만큼 섬세하며, 새끼 코끼리도 번쩍 들어올릴 정도로 힘이 세답니다. 그래서 지금도 인도코끼리는 나무 나르는 일을 하고 있습니다.

또한 냄새를 맡는 감각이 매우 발달되어 있습니다. 그래서 비가 오지 않는 건조기에는 땅 밑에 물이 있는 곳을 찾아낼 수 있으며, 몇 킬로미터 떨어진 곳에서 나는 냄새도 맡을 수 있답니다.

코끼리가 대식가라는 사실은 누구나 짐작할 텐데, 하루에 자그마치 300킬로그램이나 되는 식물을 먹어치운답니다. 그리고 물을 마실 때는 한 번에 5.7리터(큰 우유 5개와 작은 우유 3개 정도)나 되는 양을 콧속으로 빨아올립니다.

그러나 이렇게 편리한 코도 새끼 코끼리가 젖을 빨 때는 거추장스럽답니다. 왜냐하면 젖을 입으로 빨기 때문이지요. 정말 불편하겠지요?

수달은 자기 똥으로 뭘 하지?

코끼리는 왜 모래나 진흙을 몸에 끼얹을까?

코끼리의 몸에는 진드기가 많이 살고 있습니다. 진드기들은 코끼리 몸 구석구석에 달라 붙어서 피를 빨아먹고 삽니다. 코끼리는 진드기 때문에 여간 성가신 게 아니죠. 그나마 다른 곳은 발이나 꼬리로 때려서 없앨 수가 있지만 등에 있는 진드기는 처치하기가 여간 어렵지 않아요. 그래서 기회만 있으면 모래나 진흙을 등에 뿌려 진드기를 떼어내어 몸을 보호합니다.

코뿔소의 뿔은 무엇으로 만들어졌을까?

코뿔소는 인도나 아프리카 등의 열대 지방에서 살고 있습니다. 풀, 나뭇잎 등을 먹고 사는 초식 동물이지요. 하지만 몸집이 거대해서 초원의 무법자라고 부른답니다.

가끔 코뿔소의 무척 사나운 모습을 보게 됩니다. 코뿔소가 단단한 뿔을 앞세워 자동차에 돌진하거나 큰 나무를 쓰러뜨릴 듯 들이바기도 합니다. 이처럼 뿔은 코뿔소의 가장 큰 무기이며, 멋진 상징이

랍니다. 하지만 이것 때문에 코뿔소는 멸종 위기에 놓이게 되었어요. 왜냐하면 코뿔소의 뿔이 약재나 장식용으로 인기가 높기 때문이에요.

그럼 뿔은 무엇으로 만들어졌을까요?

뿔은 피부가 변해 만들어진 것입니다. 특히 털이 굳어진 것이지 처음부터 뿔이 생겨난 것은 아닙니다. 또한 이 뿔은 일생 동안 계속 자란다고 합니다.

기린의 목이 긴 까닭은?

동물 가운데 기린의 목이 제일 깁니다. 아마 공룡 시대에 살았다 해도 짧은 축에는 들지 않았을 거예요. 그러면 기린은 왜 이렇게 목이 길까요?

이에 대해서는 두 가지 주장이 있습니다.

다윈의 주장은, 기린은 목이 긴 것과 짧은 것이 있었는데 생존 경쟁이나 자연 선택에 의해 목이 긴 자손만이 살아남아 현재와 같은 모습이 되었다는 것입니다.

라마르크의 주장은, 기린은 처음엔 짧은 목으로 나뭇잎을 먹었는데 점차로 높은 곳에 있는 여리고 맛있는 잎을 먹으려고 애쓴 결과, 지금과 같은 긴 목이 되었다는 것입니다.

이런 주장이 나온 까닭은 기린이 풀보다는 나뭇잎을 즐겨 먹기 때문입니다. 기린은 키가 5미터가 넘고 목길이는 2미터나 되지만, 목뼈는 다른 포유류와 마찬가지로 7개로 되어 있습니다.

기린은 왜 서서 잠을 잘까?

기린은 무기가 없어 적을 발견하면 빨리 도망치는 길밖엔 없습니다. 이 때문에 선 채로 눈을 감고 꾸벅꾸벅 조는 모습을 자주 볼 수 있죠.

이처럼 기린은 선 채로 자지만 깊은 잠을 잘 때는 땅에 앉아서 잡니다. 새끼 기린은 태어나자마자 선 채로 일광욕을 하고, 목을 45도쯤 기울여 쓰러질 듯이 잠이 들지요. 우리가 보기엔 불편하겠지만 기린은 적으로부터 목숨을 구하기 위해 필사적으로 노력하는 것이랍니다.

그러나 동물원처럼 안전한 곳에서는 땅에 앉아 그 긴 목을 등에 걸치거나 허리쪽에 머리를 두고 잡니다. 그래도 소리가 나면 즉시 고개를 들어 경계합니다. 아직도 야생의 본능을 잊지는 않았나 봐요. 그러니 기린이 잠자는 시간은 하루에 불과 20분 정도라는군요.

4장 세계의 야생 동물

얼룩말의 털을 깎으면 어떻게 될까?

초원의 멋쟁이 얼룩말은 예쁜 털을 가지고 있는데 털을 깎으면 살갗에 희미한 얼룩 무늬가 남습니다. 그 이유는 피부 속에 검은 색소를 띤 모근 세포가 있기 때문이지요. 이 검은 띠 모양의 가는 무늬는 등 중앙에서 양쪽으로 똑같이 나 있습니다.

이 얼룩 무늬가 생긴 이유는 무엇일까요? 아프리카 초원의 얼룩말은 멀리서 보면 눈에 잘 띄지 않습니다. 이것은 흰색과 검은색의 털이 주변 환경에 잘 어울려 알아보기 어렵기 때문입니다. 다시 말해 이 얼룩 무늬가 훌륭한 보호색이 되어 사자 같은 맹수로부터 얼룩말을 보호해 주는 거지요.

원숭이가 꼬리를 세우는 것은?

이 세상에 원숭이는 200~250종이 있습니다. 그 생활 방식도 각기 달라서 홀로 생활하는 것이 있는가 하면, 수백 마리가 무리를 지어 사는 것

수달은 자기 똥으로 뭘 하지?

도 있습니다. 또 우두머리가 있는 무리와 없는 무리 등 다양합니다.

  우두머리가 있는 경우, 우두머리는 그 무리의 안전을 책임집니다. 이런 무리에서는 아무 원숭이나 꼬리를 세우고 다닐 수 없답니다. 우두머리에게만 꼬리를 세우는 것이 허용되는데, 이것은 우두머리의 특권이자 말하자면 대장의 깃발 표시입니다.

  대장이 되는 조건은 먼저 무리가 위험에 처했을 때 큰 공을 세운 원숭이가 됩니다. 예를 들어 천적에게 쫓겼을 때 이들과 맞서 무리의 안전을 지킨 원숭이 같은 경우입니다. 이 싸움에서 진 원숭이는 무리를 떠나 '유랑원숭이'가 되어 떠돌아다니며 고독한 생활을 합니다. 다음으로 암컷이나 새끼 원숭이를 잘 보살펴 주는 원숭이가 뽑힙니다. 말하자면 여성표를 얻어 대장이 되는 것입니다.

  따라서, 대장이 죽거나 지도력이 없어지면 나이 순서에 따라 다음 대장이 결정되는 것이 아니라 어디까지나 실력에 의해 결정됩니다.

4장 세계의 야생 동물

새롬이의 호기심 파일

원숭이의 이상한 신체 부위

새롬이 가족은 동물원에 갔습니다. 돌고래 쇼를 보고 원숭이 우리에 도착했습니다.

새롬이는 원숭이 우리에 가까이 다가가서 자세히 살펴보았습니다. 원숭이들은 집단 생활을 하며 질서가 잡혀 있는 것 같았습니다.

얼마 후 새롬이는 원숭이 몸에서 아주 특이한 점을 발견했습니다. 원숭이 엉덩이가 빨갛다는 사실을 알게 된 거예요.

새롬이는 배가 아프도록 웃었습니다.

"우헤헤! 저 원숭이 좀 봐요, 원숭이 엉덩이가 빨개요."

털이 듬성듬성 나 있는 사이로 엉덩이 부분이 빨갛게 보였습니다. 엉덩이를 씰룩거리며 돌아다니는 모습을 보니 웃음이 절로 나왔습니다.

원래부터 원숭이 엉덩이는 빨간가요?

원숭이 엉덩이는 왜 빨간 걸까요?

1. 햇볕에 타서
2. 문질러서
3. 피부가 너무 하얘서
4. 똥 눈 다음 씻지 않아서

 원숭이는 전부 엉덩이가 빨간가요?

아닙니다. 오히려 얼굴과 엉덩이가 빨간 원숭이는 아주 적습니다. 원숭이 피부는 사람의 피부색에 가깝거나 새까만 것이 보통입니다. 얼굴이 검은 원숭이는 피부가 검고, 얼굴이 빨간 원숭이는 피부가 빨갛다고 보면 됩니다.

원숭이 엉덩이가 빨간 것은 아기의 얼굴이 빨갛게 보이는 것과 같습니다. 피부가 하얗고 털이 없는 부위는 혈색이 그대로 비쳐 빨갛게 보이는 것입니다.

정답 : 3

87

4장 세계의 야생 동물

원숭이가 나무를 잘 타는 비결은?

원숭이 앞다리의 발가락은 사람과 같이 엄지발가락이 다른 네 발가락과 마주 향하고 있어서 물건을 잡거나 나무에 매달리기에 알맞습니다. 원숭이들이 나무나 줄을 타고 다니는 모습을 보면 알 수 있습니다.

또한, 원숭이는 아주 오랜 시간 동안 나무 위에서 생활해 오면서 능숙하게 나무를 탈 수 있게 된 거지요.

원래 원숭이는 튜파이(나무타기쥐)라는 동물에서 진화되었습니다. 이 동물은 다람쥐와 비슷하지만 두개골, 뇌, 근육 등의 생김새가 원숭이와 더 가깝습니다. 이렇게 다람쥐의 한 종류에서 진화한 원숭이는, 원시적

일수록 나무에서 생활한다는 것을 알 수 있습니다. 그러다가 점차로 진화되면서 땅에서 생활하는 종류가 나타나게 되고, 그 결과 사람이라 불리는 인류로 진화되었습니다.

안경원숭이와 여우원숭이같이 나무에서만 생활하는 원시적인 원숭이는 나무를 잘 타지만 망또비비원숭이같이 나무타기를 못 하는 원숭이도 있습니다. 고릴라나 침팬지 등은 나무에도 오르고 땅에서 걷기도 합니다.

고릴라는 어디에 살고 있을까?

고릴라는 영장목 유인원과에 속하고 아프리카 대륙의 서부에 삽니다.

이 중 카메룬과 자이레에 걸친 열대 우림에는 로랜드 고릴라가 살고, 자이레, 우간다, 르완다에 걸친 표고 1500미터 이상의 숲 속에는 마운틴 고릴라가 살고 있습니다. 로랜드 고릴라를 일반적으로 고릴라라 부르고, 마운틴 고릴라를 산고릴라라고 합니다.

두 종류 다 숫자가 적고 남획되어 멸종될 우려가 있기 때문에 워싱턴 조약에 의해 판매가 금지되었습니다. 요즘은 동물원에서 인공 수정에 의

한 번식이 활발히 진행되고 있지만, 까다로운 동물이라 성공률은 비교적 낮다고 합니다.

고릴라의 수명은 야생일 때는 25년 정도, 사육된 경우엔 50년이라고 합니다. 먹이는 나뭇잎, 줄기, 나무 뿌리, 과일, 버섯 따위를 좋아하고 가족을 이루어 생활합니다.

석기를 다루는 고릴라가 있다고?

서아프리카 기니라는 나라에 사는 고릴라는 세계적으로 유명합니다. 이 곳의 고릴라들은 석기를 사용해 열매를 따서 먹습니다. 돌을 이용해 야자를 깨뜨려 씨를 먹는다는 것입니다.

이 고릴라들은 가족간의 애정이 남다르다고 합니다. 새끼가 아파 열이 나면 이마를 만져주고 가족들은 환자놀이까지 한답니다. 또한 새끼가 죽으면 몇 달 동안 새끼를 들쳐업고 다니며 뼈가 드러나 흩어질 때까지 새끼를 버리지 않는대요.

호랑이와 사자가 싸우면 누가 이길까?

호랑이는 몸길이 2미터 이상이며 몸무게는 약 200킬로그램 정도 나가는 맹수입니다. 그리고 대부분 홀로 생활하며 사냥을 합니다.

이에 비해 사자는 몸길이 1.6~2.5미터이며 큰 것은 약 3미터입니다. 몸무게는 보통 100~250킬로그램입니다. 그리고 암사자를 거느리고 일정한 지역을 장악하여 다른 사자들이 침입하지 못하게 하면서 삽니다. 그리고 사냥할 때에는 가족이 공동으로 작전을 펼칩니다.

호랑이는 동아시아, 즉 인도와 시베리아 등지에 아주 적은 숫자가 살고 있습니다.

예로부터 많은 사람들이 호랑이와 사자가 싸우면 누가 이길까 궁금해했습니다. 하지만 어느 누구도 정확하게 대답을 할 수는 없었지요.

그런데 어느 나라 동물원에서 사자와 호랑이가 싸움이 붙었는데, 호랑이가 사자를 크게 이겼다고 합니다. 이 때부터 호랑이가 사자보다 더 사납다고 인정받게 되었대요.

하지만 집단으로 싸울 때는 사자가 더 용맹할 수밖에 없겠지요. 사자는 언제나 무리를 이루며 살아가고 있으니까요.

 사자는 주로 무리를 지어 생활하는데 암컷이 사냥을 하고, 수컷은 외부의 침입자들을 물리친답니다. 이에 비해 호랑이는 새끼를 기질 때를 제외하곤 언제나 혼자 사냥을 하고 생활하는 점이 사자와 다릅니다.

새롬이의 호기심 파일

지리산에 나타난 반달가슴곰

눈이 펑펑 내리는 신나는 겨울 방학.

새롬이는 방학이 시작되자마자 지리산 환경 캠프에 참가했습니다. 지리산에 반달가슴곰이 살고 있다는 사실이 알려지자 환경 단체에서 어린이들에게 생태 환경의 중요성을 일깨우기 위한 캠프를 열었기 때문이죠.

반달가슴곰은 우리 나라와 중국 등 동남아시아 산악 지역에 살고 있는 것으로 알려져 있습니다.

우리 나라에서는 설악산 반달가슴곰이 총에 맞고 죽은 이후 처음 발견된 터라 많은 사람들이 관심을 가졌습니다. 그리고 반달가슴곰이 새끼를 많이 낳아 기를 수 있도록 보호하고 노력하는 일에 앞장선다는 사실도 알게 되었습니다.

새롬이는 겨울잠을 자는 것으로 알려진 곰이 언제 새끼를 낳는지 궁금했습니다.

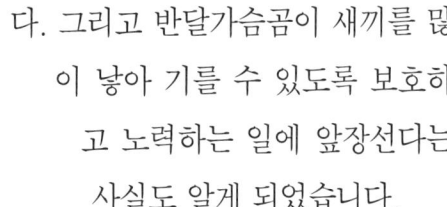

곰은 언제 새끼를 낳을까요?

1. 봄
2. 여름
3. 가을
4. 겨울

곰은 개구리나 뱀의 겨울잠과는 달리 겨울에도 먹이를 먹고 어느 정도 활동을 합니다. 곰은 겨울잠을 자는 동안에도 체온이 내려가지 않습니다. 그래서 언제 어느 때라도 깨어나 활동할 수가 있는데 놀랍게도 암컷은 겨울잠을 자는 동안에 새끼를 낳는답니다. 새끼는 대부분 암수 한 마리씩 태어납니다. 새끼 곰은 체중이 겨우 100.150그램, 키는 10.15센티미터로 어미 곰의 덩치에 어울리지 않게 아주아주 작고 쥐와 비슷합니다.
어미 곰은 겨울 동안 먹지도 마시지도 않지만 젖은 나옵니다. 새끼 곰은 어미 젖을 먹고 쑥쑥 자라 봄이 되면 고양이 정도의 크기가 되어 어미와 함께 굴에서 나온답니다.

정답 : 4

곰은 죽은 척하면 건드리지 않나요?

곰은 다른 짐승을 잡아먹는 사나운 짐승이면서 지능이 발달한 동물입니다. 곰을 한자로 쓰면 熊(웅)이라고 쓰는데, 이를 풀이하면 '능력이 있는 네 발 달린 짐승' 이란 뜻입니다.

특히 냄새를 잘 맡고 잡식성이라 식물은 물론 개미 같은 작은 동물도 잡아먹습니다. 먹이가 살았건 죽었건 먹을 수 있다고 판단되면 닥치는 대로 먹기 때문에 죽은 척하는 것은 상당히 위험합니다.

만일 곰을 만나면, 눈을 쏘아보면서 윗옷 같은 것을 벗어 그 자리에 놔 두고 조용히 도망치는 방법이 제일 안전합니다.

곰은 중앙아메리카와 아시아에 주로 살고 있는 동물입니다. 몸이 보통 2~3미터 정도 되는 힘이 센 동물이지요. 그 가운데 가장 큰 곰은 불곰으로 크기가 2.8미터 정도 되는 것도 있답니다.

곰 중에는 서식 환경에 따라 먹이도 차이가 있습니다. 짐승이나 연어 등 물고기를 잡아먹거나 식물의 열매, 잎, 줄기를 먹는 곰도 있습니다.

수달은 자기 똥으로 뭘 하지?

팬더가 제일 좋아하는 먹이는?

팬더의 본명은 자이언트 팬더라고 하며, 중국에서는 큰곰여우라고 부릅니다. 붉은팬더라고 하는 레서 팬더도 있습니다.

팬더는 모두 중국 남서부와 히말라야의 고산 지대에서 삽니다. 그 중에 자이언트 팬더는 중국 사천성을 중심으로 한 지역에만 남아 있습니다. 팬더라는 이름은 히말라야 원주민이 붙인 이름입니다.

팬더가 살고 있는 중국의 사천성은 고산 지대로 산 전체가 대나무 숲입니다. 팬더는 이 풍부한 대나무잎을 주로 먹고 그 밖에 죽순이나 과일, 나뭇잎, 풀 같은 식물을 먹는답니다. 그 중에서 늘 잎이 푸른 대나무를 제일 좋아합니다.

하지만 요즘엔 이 지역의 대나무 숲이 황폐해져 먹이가 부족하자 굶어 죽는 팬더가 생기게 되었습니다. 그래서 중국 정부는 대나무 숲이 많은 다른 지역으로 옮기려는 노력이 한창입니다.

동물원에서 사육되는 경우엔 대나무잎을 주로 먹고, 그 밖에 열매나 우유 등도 먹는답니다.

북극곰은 뭘 먹고 살까?

북극곰을 백곰이라 부르기도 합니다. 털이 하얗기 때문에 그렇게 부르는 것이지요. 하지만 북극곰이라고 해야 옳습니다. 왜냐하면 나이가 들면 털이 황색을 띠는 것과 검은색을 띠는 것이 있기 때문입니다.

북극곰은 체중이 700킬로그램이나 되고, 성질이 사나워 탐험대를 습격하는 일도 있답니다.

북극곰이 살고 있는 북극권에는 먹이 종류가 적기 때문에 바다표범이나 돌고래, 때로는 순록을 잡아먹습니다. 또한 물고기를 잡아먹는데 물 속에 2분간 잠수할 수도 있습니다. 여름에는 북극권에도 새가 번식하기 때문에 그 알이나 새끼, 열매나 해초 등을 먹습니다. 겨울철에는 먹이가 가장 부족할 때라 수컷은 잠을 자지 않고 먹이를 찾아 돌아다니지요. 암컷은 얼음굴에서 지내며, 이 기간에 1~4마리의 새끼를 낳습니다.

펭귄과 북극곰의 환경이 바뀐다면?

남극이나 북극은 모두 춥고 얼음이 꽁꽁 얼어 있는데 왜 펭귄은 남극에, 북극곰은 북극에만 살까요? 그 까닭은 각각 태어난 지역의 환경에 잘 적응했기 때문입니다. 그런데 만일 이 두 동물을 환경이 다른 지역으로 옮겨 놓으면 어떻게 될까요?

펭귄을 북극에 옮겨 놓으면 먹이를 구할 수 없게 됩니다. 북극은 거의 얼음으로 덮여 있고, 먹이가 되는 북극의 물고기는 바다 깊은 곳에 살기 때문이죠.

북극곰을 남극에 옮겨다 놓을 경우, 펭귄보다는 잘 적응할 수 있을 것입니다. 이유는 바다표범이 있고, 바다새우와 물고기가 풍부하기 때문에 먹이 걱정은 없을 테니까요.

이처럼 동물들을 새로운 지역에 옮겨 놓을 때는 반드시 환경과 먹이 관계를 잘 살펴볼 필요가 있습니다.

펭귄은 남극에서만 살까?

남극하면, 제일 먼저 떠오르는 동물이 누굴까요? 하얀 눈이 덮인 남극의 빙산에서 까만 옷을 입고 흰 배를 내밀고 아장아장 걷는 펭귄들이 아닐까요?

하지만 펭귄은 남극에서만 사는 건 아니랍니다. 펭귄은 남극은 물론 남극 근처의 크고 작은 섬들, 그리고 브라질 남부나 페루, 오스트레일리아의 남부 해안 지대와 뉴질랜드 해안 지대 등 제법 따뜻한 곳에서도 산다고 합니다.

대륙은 원래 한덩어리였는데, 지각 변동으로 갈라지면서 서로 헤어지게 된 거래요.

망구스는 코브라에게 물려도 괜찮을까?

초원에서 망구스와 코브라가 성난 표정으로 노려보고 있습니다. 그것은 망구스와 코브라는 천적이기 때문입니다. 이 두 동물은 인도에서 사는데, 야생에서 만나면 잠시 동안 꼼짝도 하지 않습니다. 권투에서의 탐색전이라고 할 수 있죠.

하지만 코브라가 약간의 틈을 보이면 망구스는 눈 깜짝할 사이에 달려들어 목 부위를 물어뜯습니다. 코브라는 큰 입을 벌리고 이빨을 드러내지만 망구스를 물지는 못합니다. 대신 긴 몸으로 망구스를 칭칭 감고 조이며 한동안 사투를 벌이지만 승부는 이미 결정되었죠. 이윽고 코브라는 죽고 맙니다.

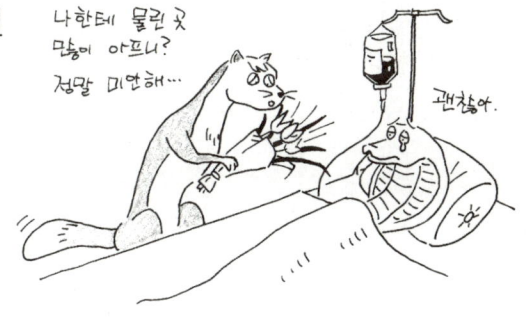

이것은 코브라의 뇌와 몸의 신경이 끊어졌기 때문입니다. 육식 동물이 상대를 쓰러뜨릴 때 목을 노리는 이유가 바로 이 때문이랍니다.

그런데 망구스도 곧 숨을 헐떡이더니 이내 죽고 말았습니다. 코브라에겐 맹독이 있기 때문에 망구스도 물리면 죽습니다.

코브라끼리 싸우다 한쪽이 물리면?

코브라는 인도를 비롯 말레이시아, 필리핀, 대만 그리고 아프리카 대륙 등지에 삽니다. 코브라는 뱀, 개구리, 도마뱀, 쥐 심지어 새도 잡아먹는답니다. 그런데 코브라끼리 싸우다 물리면 물린 코브라는 어떻게 될까요? 물린 코브라는 죽게 됩니다.

인도의 코브라는 '신경독'이라는 매우 강한 독이 있습니다. 이 독이 퍼지면 신경이 침범을 당해 곧 숨쉬기가 힘들어지면서 숨이 막혀 죽습니다. 물론 사람이 물려도 죽는 것은 두말 할 나위도 없습니다.

4장 세계의 야생 동물

새롬이의 호기심 파일

코브라는 춤꾼?

인도에 가면 볼 수 있는 대표적인 풍물이 바로 코브라입니다. 바구니에 들어가 있는 코브라는 주인이 피리를 불면 슬금슬금 머리를 내밀고 혀를 날름거립니다.

사람들은 인상을 쓰면서도 코브라의 행동에 이끌려 한참을 구경하고는 동전을 던져 주지요. 그러면 코브라는 기분이 좋은 듯 흔들흔들거리며 계속 춤을 추었습니다.

정말로, 코브라는 피리 소리를 듣고 기분이 좋아 춤을 추는 걸까요? 그렇다면 코브라는 소리를 들을 수 있는 귀가 있을까요?

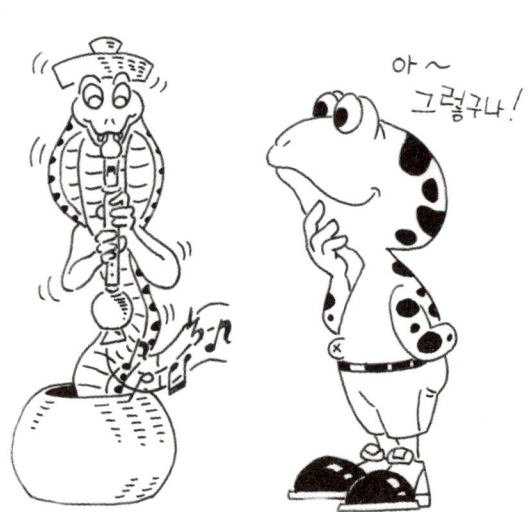

코브라는 왜 피리 소리에 맞춰 춤을 출까요?

1. 조련사와 춤추기를 즐기기 때문이다.
2. 진동을 느끼고 움직이는 것이다.
3. 피리 소리를 싫어하기 때문이다.

　　코브라뿐 아니라 모든 뱀은 귀가 없습니다. 따라서 아무리 아름다운 음악이 흘러 나와도 듣지 못하지요. 다만 땅으로부터의 진동에는 민감하답니다.
　조련사는 코브라의 습성을 잘 알고 있습니다. 그래서 피리를 불면서 피리 끝으로 코브라가 들어 있는 바구니를 슬쩍슬쩍 건드리면 코브라는 몸을 흔듭니다. 이것을 보고 사람들은 코브라가 피리 소리에 맞추어 춤을 춘다고 생각하지요. 하지만 코브라는 화가 나서 이리저리 몸을 흔드는 것이랍니다.

정답 : 2

방울뱀은 어디에서 소리가 날까?

방울뱀은 남북 아메리카 대륙에 살고 있는 독사입니다. 그 독사는 60여 종이나 됩니다.

방울뱀이 '딸랑딸랑' 또는 '슉슉' 하고 소리를 내는 것은 꼬리 끝에 딱딱하게 굳은 피부의 띠가 있기 때문입니다. 그래서 방울뱀이라는 소리를 듣게 된 것이지요. 이 띠는 속이 비어 있어 띠를 흔들면 서로 부딪쳐 소리가 나게 됩니다. 이 띠는 허물을 벗을 때마다 한 개씩 늘어난다고 합니다.

개미핥기의 먹이는?

개미핥기는 중앙아메리카에서 남아메리카에 걸쳐 숲이나 초원에 삽니다.
개미핥기는 이빨이 없는 대신 긴 혀를 가졌는데 이것은 개미를 먹는데 아주 편리하답니다. 개미핥기의 혀는 매우 끈적끈적하여 개미 같은 먹잇감이 잘 달라붙는답니다.
이처럼 개미나 애벌레 같은 먹기 쉬운 것을 주식으로 하기 때문에 개

수달은 자기 똥으로 뭘 하지?

미핥기라는 이름이 붙게 된 것입니다.

  개미핥기의 주식인 흰개미는 서식 습성이 일반 개미와 비슷하여 흰개미란 이름이 붙었으나, 오히려 바퀴벌레와 더 비슷한 특징을 가지고 있습니다.

  개미핥기가 사는 곳엔 흰개미가 많고 큰 개미집을 만들어 생활합니다. 개미핥기에게 흰개미는 아주 좋은 먹이랍니다.

낙타의 혹 속엔 뭐가 있을까?

  옛날 사람들은 낙타가 물을 거의 먹지 않고도 사막을 오랫동안 여행할 수 있는 것은 낙타 혹 속에 물이 들어 있기 때문이라고 믿었습니다.

  정말 그럴까요?

  한 동물원에서 죽은 낙타의 혹을 해부해 보았는데 물은 한 방울도 들어 있지 않았대요. 대신 지방 덩어리로 가득했다는군요.

  낙타는 사막에 적응하며 살아가는 동물이라서 그다지 물을 많이 먹지 않는대요. 오히려 낙타의 혹은 영양분을 저장해 두는 창고라고 불러야 맞을 거예요. 그래서 낙타기 먹이를 며칠씩 못 믹으면 혹이 쏙 들어가 버린대요. 왜냐하면 굶거나 먹이에서 얻는 영양분이 부족하면 혹에 저장해 두었던 지방을 다 쓰기 때문이지요.

낙타는 사막에서 살기에 가장 알맞은 동물입니다. 발은 넓적해서 사막을 다녀도 모래 속에 빠지지 않게 되어 있습니다.

그래서 낙타는 오늘날에도 사막에서 중요한 교통 수단으로 쓰이고 있습니다. 사막은 모래로 뒤덮여 있어서 아무리 빠른 자동차라도 다닐 수가 없으니까요.

쌍봉 낙타와 단봉 낙타

낙타에는 혹이 두 개 있는 쌍봉 낙타와 혹이 하나 있는 단봉 낙타가 있습니다. 쌍봉 낙타는 중국의 고비 사막에서, 단봉 낙타는 중동 아프리카에서 삽니다. 쌍봉 낙타는 단봉 낙타보다 크고 무게가 많이 나갑니다.

코알라는 밤의 왕자?

코알라는 오스트레일리아 대륙에서만 사는 동물로, 높은 유칼리 나무에서 낮잠을 즐기며 삽니다. 오스트레일리아에 코알라를 보러 가면 높은 나무에서 잠자는 코알라밖엔 볼 수가 없답니다. 그러나 밤이 되면 활발히 움직인답니다.

그렇다면 코알라는 왜 밤에만 움직일까요?

코알라는 성질이 온순하고 적을 물리칠 무기가 전혀 없기 때문에 적이 없는 밤에 활동하는 것입니다. 오스트레일리아에서만 사는 것은 그나마 천적이 거의 없기 때문이지요. 하지만 코알라에게도 가장 무서운 적이 있답니다. 바로 코알라 모피를 노리는 밀렵꾼들이죠. 이들이 코알라를 무분별하게 잡아 코알라의 숫자가 많이 줄어들었지만, 지금은 보호 속에서 평화롭게 살고 있답니다.

 코알라는 일생 동안 유칼리 나뭇잎만 먹고 또 평생을 유칼리 나무에서 살다가 일생을 마친답니다. 그래서 코알라는 번식하기가 아주 어려운 동물입니다. 코알라의 새끼는 어미의 똥을 먹고 자랍니다.

캥거루는 왜 주머니가 있을까?

캥거루 일종을 유대류라고 하는데, 이는 배에 커다란 주머니가 있기 때문입니다. 이 주머니는 육아낭(새끼를 기르는 주머니)이라 불리는데 육아낭 안에 젖이 있답니다. 같은 유대류인 코알라에게도 이 주머니가 있습니다. 캥거루나 코알라는 새끼가 태어나면 이 주머니 안에서 키웁니다. 태어난 새끼는 눈도 못 뜬 상태에서 스스로 어미 배에 기어올라가 이 주머니 속으로 들어간다고 합니다. 이때 새끼의 크기는 2~2.5센티미터 정도이고, 몸무게는 약 1~2그램 정도입니다. 육아낭에 들어간 새끼는 주머니 안쪽에 있는 젖을 먹고 주머니를 들락날락하면서 커갑니다. 6개월 정도 지나면 자립할 수 있게 됩니다.

코알라도 새끼 때는 육아낭에서 보내고, 그 이후의 6개월 동안은 어미 등에 업혀 자라게 됩니다.

호주에서는 한때 캥거루 권투 경기가 유명했습니다. 캥거루는 권투 선수처럼 양손에 글러브를 끼고 경기를 했습니다. 그러나 동물 보호 단체의 노력으로 캥거루 권투 시합은 법으로 금지되어 요즘엔 열리지 않습니다.

수달은 자기 똥으로 뭘 하지?

악어는 먹이를 어떻게 먹을까?

악어는 주로 열대 지방의 얕은 호수나 강가에 사는 동물입니다. 성격은 사납고 끈질겨 톱니처럼 날카로운 이빨에 한번 물리면 웬만한 동물은 빠져 나갈 수가 없습니다. 한 입에 삼킬 수 없는 먹이는 강력한 이빨로 물고는 원을 그리며 돈대요. 그러면 먹이는 갈기갈기 찢겨져 악어의 뱃속으로 들어가지요.

악어는 일단 먹이를 물면 턱을 크게 벌리고는 그대로 꿀꺽 삼켜 버립니다. 악어의 위액은 단단한 동물의 뼈도 소화를 시킬 수 있을 만큼 강력합니다. 그래서 악어의 위로 들어간 동물은 금세 녹아 버린답니다.

악어가 제일 무서워하는 동물은?

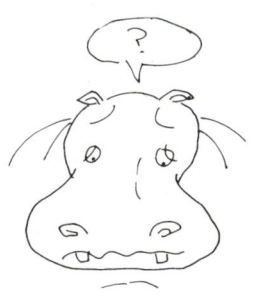

악어는 늪 속에 살면서 물고기를 비롯하여 물 먹으러 온 영양까지 닥치는 대로 잡아먹는 잡식성입니다. 하지만 악어도 가장 무서워하는 동물이 있대요.

바로 하마입니다. 하마는 덩치가 너무 크고 힘도 세고 또 이빨이 단단해서 악어가 감히 덤비질 못합니다. 하마가 한눈 판 사이에 악어가 달려들면 하마는 악어를 물 속으로 끌고 들어가 연약한 악어의 배를 머리로 치거나 이빨로 물어 뜯는답니다. 그래서 하마가 늪에 나타나면 악어는 숨기 바쁘대요.

동물상식 추천사이트

huniv.hongik.ac.kr/~sexykko/index1.html
mm.ewha.ac.kr/~9896054

다음 사이트들은 www.iidle.co.kr에 링크 되어 있습니다.

huniv.hongik.ac.kr/~sexykko/index1.html
은암자연과학박물관 우리나라 최초의 자연과학 박물관으로, 박물관에 있는 모든 자료를 사진과 함께 제공하고 있는 사이트입니다.

mm.ewha.ac.kr/~9896054
이화여대 야생조류연구회 한국의 천연기념물(새)과 관련된 자료가 있습니다. 대학생 동아리 모임으로서 우리 나라 조류에 대한 자세한 내용을 찾아볼 수 있습니다.

5 하늘을 나는 동물

새들은 곡식을 좋아해서
농작물에 피해를 주기도 하지만,
사람들에게 아름다운 울음소리로 기쁨을 주고,
다정한 친구가 되어 주지요.
그런데 새들은
자연 속에서 어떻게 살아갈까요?
새들의 재미있는 습성과 생존 방법을 알고 싶어요!

시조새는 걸어다녔을까?

시조새!

새들의 조상인 시조새는 걸어다닌 것으로 알려져 있습니다.

부리에는 날카로운 이빨이 나 있고, 앞다리는 날개로 변했으나 날개 끝에는 발톱이 달린 3개의 발가락이 붙어 있습니다. 두 발로 걸어다니며 먹이를 사냥했을 것으로 추측하고 있습니다.

몸길이는 40센티미터 정도이고 머리가 작고 눈이 크며, 꽁지는 20~21개의 꼬리뼈로 되어 있어, 이것을 축으로 하여 깃털이 좌우로 늘어서서 붙어 있습니다. 척추를 합쳐 모두 50개로 되어 있으나 서로 붙어 있지 않고 분리되어 있습니다. 그리고 갈비뼈의 검상돌기도 없어, 공중을 나는 데 아직 충분히 적응되지 않았을 것이라고 생각됩니다. 따라서 현재의 새와 같이 완전하게 날 수가 없었을 것이고, 글라이더가 날듯이 공중을 활주했을 것으로 보입니다.

시조새는 파충류의 특징인 뼈가 있는 긴 꼬리, 날개 끝의 발톱, 부리의 이빨이 있으며 새의 특징인 깃털, 날개, 부리가 있습니다. 그래서 시조새를 파충류와 조류의 중간 형태로 보고 있으며 파충류가 조류로 진화한 최초의 모습으로 여겨지고 있습니다.

새들도 이빨이 있었다고?

새가 파충류에서 진화한 것은 1억 3,800만 년 전으로 이것이 유명한 시조새입니다. 우리 나라 경상남도 고성군 덕명리 해안에서도 시조새의 발자국이 발견되었습니다. 이 새는 파충류의 흔적으로 이빨이 있었는데 화석에 그 증거가 남아 있습니다. 이 밖에 8,800만 년 전에 살았던 헤스베로르니스도 이빨이 있었으나, 그 이후에 나타난 새들은 이빨이 없습니다.

'왜 이빨이 없는가'에는 여러 가지 학설이 있는데 그 중 하나를 소개하면 다음과 같습니다.

원시적인 새는 제대로 날 수 없다가 점차 진화되어 자유롭게 날 수 있게 되었습니다. 그런데 날기 위해서는 가능한 한 가벼워야 할 필요가 있었던 것입니다. 그래서 새의 뼈는 속이 비게 되고 이빨을 움직이게 하는 근육은 머리를 무겁게 하기 때문에 퇴화되었습니다. 그러자 이빨도 못 움직이게 되어 결국엔 완전히 없어졌을 것입니다. 그리고 이빨을 대신해 근위(모래주머니)에 모래나 작은 돌멩이를 넣어 먹이를 잘게 부수게 됐다는 설입니다.

오리나 물새의 부리 양쪽이 들쭉날쭉하게 되어 있는 건 퇴화된 이빨의 흔적일지도 몰라요.

새는 왜 수컷이 더 아름다울까?

새를 보면 대개 화려하고 아름다운 깃털을 가진 쪽이 수컷이고, 수수한 깃털을 가지고 있는 것이 암컷입니다.

수컷이 아름다운 것은 암컷을 꾀어내기 위해서랍니다. 수컷은 번식기가 되면, 자신의 아름다움을 뽐내며 아름다운 목소리와 동작으로 신부감을 구한답니다. 이처럼 번식기가 되어 수컷이 아름다워지는 것을 결혼색이라고 합니다. 그 밖의 동물도 수컷이 더 아름다운 경우가 많습니다. 예를 들면 물고기인 납자루떼는 산란기가 되면 수컷은 예쁜색을 띠고 배는 더욱 빨갛게 됩니다.

새는 납자루떼처럼 쉽게 색을 바꿀 수 없기 때문에 처음부터 수컷은 화려하고 아름답습니다. 하지만 수컷이라고 해서 모두 아름다운 것은 아닙니다. 여름새인 도요새는 암컷이 아름답고 수컷은 수수한 색깔을 띱니다.

제일 큰 알을 낳는 새는?

우리와 함께 지구에서 오순도순 살고 있는 새의 종류는 무척 많지요? 그 중에서 제일 큰 새는 바로 타조입니다.

비록 다른 새들처럼 훨훨 날지는 못하지만 몸길이는 2~2.5미터로 사람보다도 큽니다. 게다가 빨리 달릴 때는 시속 70킬로미터로 자동차와 같은 속도로 달릴 수 있다니 놀랍지요?

이 타조는 새 중에서 제일 큰 새인 만큼 알 중에서도 타조 알이 제일 크다고 합니다. 지름이 15센티미터 이상인 알은 껍질이 두껍고 무게는 약 1.6킬로그램이나 된다고 하네요. 타조 한 알 먹으면 배 부를 거예요.

날지 못하는 새

새의 몸은 머리와 몸통, 날개, 다리, 꼬리로 되어 있습니다. 몸 안의 부위마다 공기주머니가 있고 날개가 발달하여 날아다닐 수 있습니다. 그러나 닭, 오리, 거위 등은 사람들이 기르게 되면서 날개에 비해 몸집이 커져서 날 수가 없게 되었습니다. 마찬가지로 공작과 타조 역시 몸집이 커서 날지 못하는 것입니다.

새가 날 때 다리는 어떻게 할까?

새가 하늘을 나는 모습을 본 적이 있을 거예요. 자세히 관찰해 보면 새가 날 때 다리를 들어올리는 모습을 볼 수가 있습니다. 이것은 비행기가 활주로에서 날아오르는 동시에 바퀴를 들어올리는 것과 같은 이치입니다. 이 행동은 공기 저항을 가능한 한 작게 하기 위한 행동입니다.

이와 같이 새도 날 때는 공기 저항이 크기 때문에 다리는 뒤쪽으로 모아 뻗어 저항을 줄입니다. 학이나 백로처럼 다리가 긴 종류는 양발을 모아 뻗는데, 꼬리가 길기 때문에 날고 있을 때는 잘 보이지 않습니다. 이와 반대로 다리가 짧은 괭이갈매기들은 다리를 몸에 바싹 붙입니다.

새들도 맞선을 본다고?

동물은 진화할수록 뇌가 발달합니다. 새와 같은 고등 동물이 되면 감정을 느낄 줄 알고, 좋고 싫음도 확실한데 이것을 붙임성(정)이라고 합니

수달은 자기 똥으로 뭘 하지?

다. 이러한 붙임성은 야생 조류나 카나리아, 잉꼬류에도 있습니다. 특히 기르는 새의 경우는 무리하게 둘 사이를 붙여 놓으면 오히려 사이가 나빠져 새끼를 잘 낳지 않습니다. 그래서 조류 전문가 들은 이와 같은 새들의 특성을 잘 알고 있어서 새장에 함께 넣기 전에 우선 맞선 보는 시간을 갖는다고 합니다.

암컷과 수컷을 각각 다른 새장에 넣고 바라보게 하는데, 이를 '맞선'이라고 합니다. 이렇게 일 주일이 지나면 사이가 좋은지 나쁜지를 알게 됩니다. 서로 관심이 없거나 싸우려는 모습이 보이면 사이가 안 좋은 거지요. 이럴 때 새장 안에서 함께 살게 하면 싸울 수밖에 없습니다. 그러나 서로 함께 있고 싶어서 노래를 부르거나 온갖 애교를 부리며 유혹하는 모습이 보이면 같이 살게 합니다. 그럼 행복한 잉꼬 부부로 산답니다.

어미 새는 먹이를 하루에 몇 번이나 물어 나를까?

새끼가 알을 깨고 나오면 어미 새는 무척 바쁘답니다. 새끼들이 자라서 둥지를 떠날 때까지 열심히 벌레들을 잡아다 먹여야 하기 때문이에요.

새끼에게는 특히 어린 벌레를 먹여야 됩니다. 따라서 여러 마리의 새끼에게 먹이를 먹이느라 하루에 보통 100번 이상이나 먹이를 물어 나르게 됩니다. 그러나 큰 새들은 큰 먹이를 먹기 때문에 작은 새들처럼 100번이나 물어 나르지 않아도 됩니다.

전설의 새, 불사조를 아시나요?

불사조는 고대 이집트 신화에 나오는 상상의 새입니다. 전설 속에 나오는 동물 가운데 가장 아름답다고 합니다. 빨간색과 금빛 깃털로 덮여 있고, 크기는 보통 독수리 정도라고 합니다.

불사조는 아라비아 사막에 살았으며, 500~600년 동안 세상에서 오직 한 마리밖에 살 수 없었다고 전해집니다. 불사조의 울음소리는 너무 아름답고 애처로워 이 울음소리를 들은 다른 동물들은 넋이 빠져 그만 죽어 버리고 만답니다.

또한 불사조는 죽음을 느끼면 스스로 계수나무로 둥지를 틀고 그 곳에 불을 붙여서 불길 속에 몸을 던졌다고 합니다.

그러나 이 잿더미 속에서 새로운 불사조가 태어나 이미 타 죽은 불사조의 재를 정성스럽게 가지고 이집트에 있는 헬리오폴리스라는 곳으로 날아간답니다. 그리고는 태양신의 제단에 잘 모셔둔다고 합니다.

불사조는 태양을 상징하는 '태양의 새'를 뜻합니다. 저녁에 죽은 태양이 다시 살아난다는 뜻에서 희망과 부활의 상징이랍니다.

까마귀는 정말 빛나는 물건을 좋아할까?

우리 나라 사람들은 까마귀를 별로 좋아하지 않는데 왜 그럴까요? 그건 까마귀가 죽은 동물들을 먹고 살며 온몸이 검정색이라 아름답지 않기 때문이지요. 그래서 옛날부터 불길한 새라고 하여 반갑게 여기지 않았습니다. 그러나 죽은 동물을 먹어치우는 까마귀가 없다면 산과 들은 쓰레기장처럼 변할지도 몰라요. 그러니 까마귀는 '의로운 청소부'인 셈이지요.

새는 8,600종이나 되는데 그 중에 까마귀는 약 40종입니다. 새 중에서 가장 진화된 종류로 두뇌가 발달되어 있습니다.

까마귀는 연기가 피어오르면 즉시 날아와 날개를 펼쳐 연기를 뒤집어 쓰고는 진드기나 벼룩을 떨어뜨릴 만큼 영리합니다. 또 반짝반짝 빛나는 장총과 긴 막대기를 구별할 수 있기 때문에 농작물 피해를 주는 까마귀들을 쫓아내기란 그리 쉽지가 않습니다.

까마귀는 반짝이는 것을 좋아한다고 알려져 있지만 사실은 새로운 물건이나 이상한 것을 보면 관심을 갖는 습성 때문이랍니다.

독수리는 어떻게 사냥을 할까?

독수리는 전 세계적으로 3천여 마리밖에 남아 있지 않는 멸종 위기의 새입니다.

독수리는 눈이 좋고 냄새를 잘 맡아서 먹이를 발견하면 절대 놓치지 않습니다. 하늘에서 먹이를 발견하면 날개를 접고 먹잇감을 향해 쏜살같이 지상으로 내려옵니다. 그리고는 어느새 둥글고 날카로운 발톱으로 먹잇감을 움켜쥐고 둥지로 날아갑니다. 독수리의 발톱은 강하고 날카로워 잡히는 순간 먹잇감은 죽고 말지요. 둥지에 먹잇감을 가져온 독수리는 천천히 날카로운 부리로 먹이를 먹습니다.

독수리는 주로 토끼, 쥐, 꿩, 오리 같은 동물을 잡아먹습니다. 그러나 대부분 독수리는 죽은 동물을 즐겨 먹는답니다. 독수리는 지상의 청소부인 셈이지요.

 해마다 시베리아에서 겨울을 나기 위해 우리 나라 강원도 철원 지역을 찾아오는 독수리의 숫자는 수백 마리에 이릅니다. 그러나 환경 오염과 먹이 부족 등의 이유로 해마다 그 숫자가 줄어들고 있습니다.

수달은 자기 똥으로 뭘 하지?

올빼미와 부엉이의 차이는 무엇일까?

올빼미와 부엉이는 모두 올빼미과의 새입니다. 올빼미와 부엉이는 비슷한 생김새와 습성 때문에 구별하기가 쉽지 않습니다.

하지만 자세히 보면, 귀처럼 생긴 장식 깃털이 좌우에 있는 것과 없는 것이 있습니다. 보통 있는 것을 부엉이, 없는 것을 올빼미라고 부르지요.

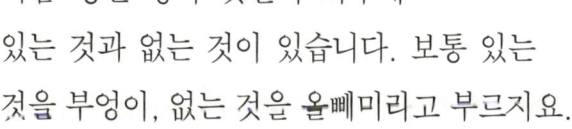

그런데 5월이 되면 찾아오는 푸른잎부엉이처럼 부엉이라는 이름이 붙었지만 장식 깃털이 없는 것도 있답니다.

올빼미는 한밤중에도 왜 잠을 자지 않을까?

숲 속에서 꾸벅꾸벅 졸고 있는 올빼미를 본 적이 있나요? 밤일을 나갔다 돌아와서 잠을 자고 있는 거예요.

야행성 조류 중 대표적인 새가 올빼미입니다. 올빼미는 낮엔 그늘진 숲에서 잠을 잡니다. 그러다가 해가 지는 동시에 활동을 시작해 쥐나 곤충을 잡아먹고, 해가 뜨기 전에 어두운 숲으로 돌아와 쉽니다.

올빼미는 한밤중에도 큰 눈을 반짝이며 먹이를 노리고 있다가 발견하는 즉시 공격하지요.

올빼미의 먹이가 되는 쥐들이 해가 질 때부터 2~5시간, 그 중 밤 11시부터 12시쯤에 가장 많이 활동하기 때문에 올빼미도 이 시간이 가장 바쁩니다. 이 시간이 지나면 쥐들은 굴 속에서 잠을 자기 때문에 올빼미도 높은 나뭇가지에 앉아 밤새 우는 것입니다.

 밤눈이 밝은 친구를 보고 '올빼미' 같다고 말하지요. 원래 새들은 밤엔 멀리 볼 수가 없어요. 하지만 야행성인 올빼미과에 속하는 새들은 밝기에 대한 신경과 눈 구조가 특히 발달되어 있기 때문에 밤에도 먼 곳까지 볼 수 있습니다.

수달은 자기 똥으로 뭘 하지?

뻐꾸기는 왜 남의 둥지에 알을 낳나?

뻐꾸기는 둥지를 틀지 않는 새입니다. 둥지가 없는 뻐꾸기는 알을 품지도 기르지도 않는대요. 그럼 알을 어디에다 낳을까요?

그냥 다른 새들의 둥지에 알을 낳고는 날아가 버린답니다. 왜 그러는지 아직도 정확한 이유를 알 수 없다고 합니다.

주로 때까치, 멧새, 붉은뺨멧새, 노랑할미새, 종달새 들의 둥지에 알을 낳는데 우리 나라에서는 뱁새라고 부르는 '붉은머리오목눈이'의 둥지에 주로 낳는다고 합니다. 이 새들은 뻐꾸기의 알인 줄도 모르고 정성껏 알을 품고 새끼를 기릅니다.

그런데 뻐꾸기 알은 다른 새의 알보다 먼저 깨어나서 다른 알들을 밖으로 밀어내고는 둥지를 독차지한답니다. 어쩌다 살아남은 둥지의 새끼들은 덩치 큰 뻐꾸기 새끼에게 밀려 먹이도 제대로 못 얻어먹는답니다. 그런 줄도 모르고 어미 새는 열심히 먹이를 물어다 뻐꾸기 새끼에게 줍니다. 뻐꾸기 새끼는 어찌나 요란하게 먹이를 보채는지 어미 새가 자기 새끼를 키울 때보다 더 많은 먹이를 물어다 주어야 한다고 합니다. 그렇게 다 자라나면 인사 한마디 없이 숲 속으로 날아가 버린답니다. 정말 염치도 없지요.

딱따구리는 왜 긴 코털을 가지고 있을까?

'딱따구리' 하면 제일 먼저 뭐가 생각나세요?

'딱! 딱! 딱!' 시끄럽게 나무를 쪼아대는 것이 생각나지요.

딱따구리는 눈 아래쪽의 부리가 시작되는 부위에 긴 코털이 나 있습니다. 그런데 이 코털은 매우 중요한 일을 합니다. 딱따구리가 부리로 나무에 구멍을 뚫을 때 생기는 나무 부스러기들이 떨어져 날리게 됩니다. 이 때 이 긴 코털은 나무 부스러기들이 콧구멍이나 눈에 들어가는 것을 막아 줍니다.

딱따구리뿐 아니라 나무에 구멍을 파는 새들은 대부분 이런 보호 장비를 가지고 있다니 놀랍지요.

딱따구리가 나무를 쪼는 까닭은?

숲 속에서 가끔 '따다다' 소리를 들은 적이 있을 거예요. 우리 나라 숲이면 어디에서나 들을 수 있는 천연기념물 제242호인 까막딱따구리가 나무 줄기를 쪼는 소리예요.

딱따구리가 나무를 쪼는 것은 나무

안에 있는 하늘소 애벌레를 잡아먹기 위해서입니다. 딱따구리는 이 애벌레를 주식으로 하기 때문에 곤충들이 파놓은 산란 구멍을 찾는 데 도사입니다.

딱따구리가 구멍을 발견하면 부리로 쪼아 구멍을 크게 하기 때문에 딱따구리의 부리는 곧고 단단합니다. 구멍이 커지면 길고 앞이 나선 모양같이 생긴 혀를 넣어 애벌레를 잡아먹습니다. 또한 딱따구리는 나무에 구멍을 파고 그 속에 둥지를 짓고 알을 낳아 기릅니다.

이처럼 나무를 쪼아 그 속에서 먹이를 구하고 둥지도 만드는 딱따구리에게 나무타기는 기본이겠지요. 우선 나무에 똑바로 서야 하기 때문에 발가락은 앞뒤로 2개씩 달려 있습니다. 이를 대칭발이라고 합니다.

또한 몸을 지탱하기 위해서 꼬리를 나무에 강하게 밀착해야 합니다. 그래서 딱따구리의 꼬리는 다른 새들보다 발달되어 딱딱합니다.

딱따구리가 가끔 나무에 피해를 주기도 하지만, 솔잎을 갉아먹는 송충이 같은 벌레들을 없애 주기 때문에 숲을 살리는 이로운 새랍니다.

텃새는 적응의 선수

여름이나 가을, 겨울에도 이동하지 않는 새를 텃새라고 하는데, 그 대표적인 새가 바로 참새나 까마귀입니다. 이들 텃새는 추위와 더위를 잘 견디며, 뭐든지 잘 먹는 잡식성입니다.

새롬이의 호기심 파일

아름다운 비행!

즐거운 여름 방학이 되었습니다. 새롬이네 가족들은 여름 휴가를 동해안에서 보내려고 길을 나섰습니다. 그런데 영동 고속도로 위에서 자동차는 움직이지 않고 거의 서 있다시피 했습니다.

"와아, 차가 왜 이렇게 많지? 모두 동해안에 가는 거예요?"

"다른 사람들도 우리처럼 휴가를 가는 길이지."

아버지의 말씀을 들으며 새롬이는 차 안이 답답해 창문을 열었습니다. 마침 새들이 날아다니고 있었습니다. 그것을 본 동생이 외쳤습니다.

"우와, 철새가 날아다닌다!"

그러자 새롬이가 동생에게 한 마디 했습니다.

"맹추야, 여름엔 철새가 안 와. 겨울에만 오는 거야."

"아니야, 여름에도 우리 나라에 오는 철새가 있어."

과연 여름에도 날아오는 철새가 있을까요?

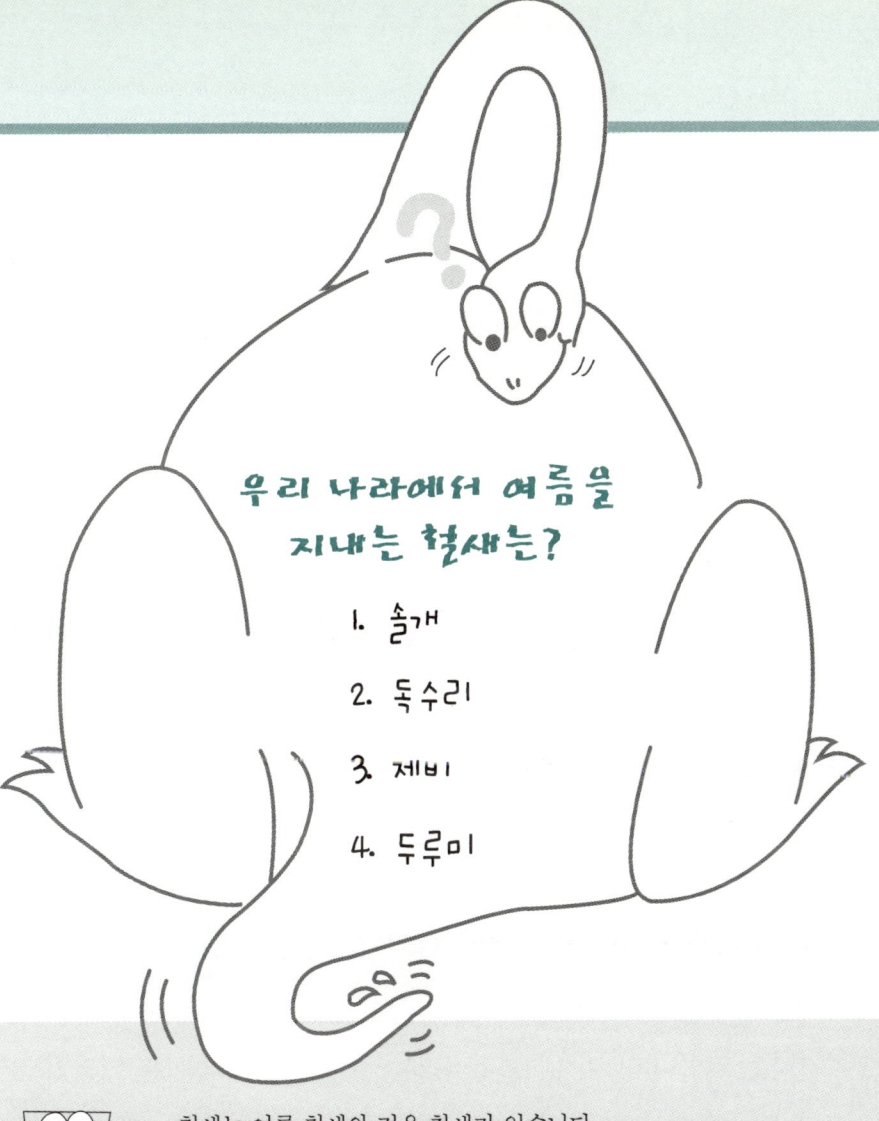

우리 나라에서 여름을 지내는 철새는?

1. 솔개
2. 독수리
3. 제비
4. 두루미

철새는 여름 철새와 겨울 철새가 있습니다.
　우리 나라를 찾아오는 여름 철새는 제비, 뻐꾸기, 뜸부기, 꾀꼬리 등이 있습니다. 봄에 우리 나라를 찾아와 새끼를 낳아 기르고 여름을 지낸 뒤 가을이 되면 겨울을 나기 위해 남쪽으로 떠나는 새들입니다.
　반대로 겨울 철새는 두루미, 기러기, 고니 등이 있으며, 가을에 우리 나라를 찾아와 겨울을 지내고 이듬해 봄이 되면 고향인 북쪽으로 떠나는 새들이랍니다.

정답 : 3

철새는 어떻게 목적지를 찾아갈까?

철새는 기온의 변화에 따라 먹이와 번식 등을 위해 이동한다고 합니다. 철새는 무리를 지어 수만 킬로미터를 날아갑니다. 그런데도 해마다 길을 잃지 않고 정확하게 다시 찾아옵니다. 철새는 지도나 나침반도 없는데 그 먼 길을 어떻게 찾는 걸까요?

지금까지 알려진 것은, 무리를 이끌고 있는 우두머리의 지시에 따라 날아간다는 것입니다. 이 때 우두머리는 경험이 많은 나이든 기러기로서 무리의 선두에 서서 길을 안내한다고 합니다. 그리고 거의 본능적으로 해마다 같은 시기에 같은 장소로 이동을 하는 것이라고 추측하고 있습니다.

그런데 놀랍게도, 철새들이 낮에는 태양을 보고 밤에는 별의 위치를 보고 날아간다고 합니다. 그래서 길을 잃어버리는 일이 거의 없답니다. 또 어떤 새들은 강의 계곡이나 산맥과 해안선의 모양과 위치를 따라 이동하기도 한다고 합니다.

신비스러울 정도로 정확한 철새들이지만 가끔 실수를 하기도 한대요. 심한 바람이나 비를 만나서 길을 잃고 엉뚱한 곳에 도착하여 죽음을 당하기도 하고, 낯선 환경에 적응을 하여 새 이주지를 만들기도 한답니다.

제비는 왜 남쪽에서 날아오나?

제비는 여름 철새로 겨울은 따뜻한 대만이나 필리핀에서 생활하다가 봄이 되면 추위를 피해 우리 나라를 찾아옵니다. 제비는 예로부터 사람에게 좋은 새로 여겨져 처마 밑에 제비집을 지어도 그냥 두었어요.

제비가 살 곳에 도착하면 둥지를 만들어 알을 낳을 장소를 찾는데, 흙이 발라진 처마 밑을 가장 좋아합니다. 왜냐하면 처마 밑은 꺼칠꺼칠해서 둥지를 만들기 쉽기 때문이죠. 둥지는 전에 썼던 것을 사용하기도 하고, 새로 만들기도 합니다.

장소가 결정되면 수컷은 암컷과 힘을 모아 흙을 나릅니다. 마른 흙은 뭉쳐지지 않기 때문에 물가의 진흙을 입으로 물어다 짓습니다. 집 짓기는 4~5일이면 끝납니다.

집이 완성된 2~3일 뒤엔 알을 낳는데, 둥지 안쪽엔 마른 풀을 깔아

놓고 새끼가 나올 때까지 암수가 교대로 알을 품어 줍니다.

한 마디로, 제비가 우리 나라로 날아오는 건 새끼를 낳기 위해서입니다. 하지만 이제 제비는 시골에서조차 보기 어려운 새가 되었답니다. 우리 나라를 찾아오는 제비의 수가 점차 줄어 들고 있기 때문입니다.

제비가 비가 오기 전에 낮게 나는 까닭은?

제비는 날아다니면서 곤충을 잡아먹는 새입니다. 제비 부리는 다른 새들에 비해 크고 넓어, 날면서 곤충을 잡아먹기에 편하게 되어 있습니다.

그런데 제비의 먹이 잡는 모습을 관찰해 보면, 날씨가 맑은 날에는 하늘 높이 날지만 흐린 날씨엔 땅과 물 위를 스칠 듯이 낮게 납니다. 그 까닭은 먹이인 곤충과 관계가 있습니다. 날씨가 좋을 때는 곤충이 높이 날기 때문에 이를 잡아먹는 제비도 덩달아 높이 날지만, 흐린 날씨엔 곤충들은 높이 날지 않습니다. 특히 장구벌레는 물 위에서 무리를 지어 날기 때문에 이를 노리는 제비도 낮게 납니다.

수달은 자기 똥으로 뭘 하지?

제비보다 크고 별종인 바다제비는 고산 지대에 살지만 흐린 날씨엔 평야까지 내려와 땅을 스치듯이 날면서 곤충을 잡아먹는답니다.

제비도 땅 위를 걸을 수 있을까?

하늘을 나는 새들도 땅 위를 잘 걸어다니지요. 그 중에는 참새처럼 양발을 모으고 통통 뛰는 것과 학처럼 우아하게 긴 다리로 한 발씩 내딛으며 사람처럼 걷는 것이 있습니다.

그런데 제비 다리는 짧고 발가락도 작아 걷는 데 적합하지 않습니다.

이것은 걸으며 먹이 사냥을 할 필요성이 없었다는 것을 말해 줍니다. 제비는 날아다니면서 곤충들을 잡아먹기 때문에 다리가 약해진 것이지요.

참새는 얼마나 오래 날 수 있을까?

참새는 우리 주변에서 늘 볼 수 있는 텃새입니다. 몸길이는 약 14센티미터로 작은 편이며, 주로 곡식의 낟알이나 풀씨 등을 먹고 여름에는 메뚜기, 딱정벌레, 나비 등을 먹습니다. 그래서 먹이가 풍부한 풀숲이나 도

시, 농촌 등에서 무리 지어 살며 멀리 날아가지 않는답니다.

또한 몸집이 작고 체력이 약한 참새는 오랫동안 날 수 없기 때문에 자주 먹이를 먹으러 땅으로 내려와야 합니다. 참새의 이런 특성을 이용해 참새를 잡은 적도 있습니다.

중국에서 있었던 일입니다. 참새가 파리, 모기, 쥐와 함께 농작물을 해치는 해로운 동물이라고 정해져 멸종당할 뻔한 일입니다. 중국 사람들은 참새를 잡기 위해 들판에 나가 여기저기서 북을 두들겼습니다. 그 소리에 놀란 참새들이 모두 날아올랐는데 그래도 계속 북을 쳐대자 내려오지 못하고 날고 있던 참새들이 지쳐서 떨어졌습니다. 이렇게 떨어져 잡힌 참새는 북경에서만 60만 마리나

되었다고 합니다. 그런데 그로부터 2~3년이 지나자 각지에 해충이 어마어마하게 늘어났습니다. 그 원인이 참새의 수가 줄었기 때문이란 걸 안 중국 정부는 부랴부랴 참새 보호 정책을 폈다고 합니다. 참새가 곡식을 먹기도 하지만 해충의 천적이란 사실을 잊었던 거죠.

이와 같이 참새는 그다지 오래 날지 못합니다. 하지만 농작물의 수확기에는 제법 멀리까지 먹이를 구하러 간답니다.

그리고 참새와 크기가 같은 흰머리매는 600킬로미터나 되는 대한해협을 하룻밤에 건너기도 한대요.

공작새는 왜 날개를 활짝 펼칠까?

같은 공작이라도 날개를 펴는 일은 수컷만의 자랑입니다.

눈부시게 아름다운 공작의 날개. 그것은 암컷들에게 자신을 뽐내려는 몸짓일 뿐만 아니라 암컷을 사랑한다는 표현이기도 합니다.

동물들은 말을 할 수 없기 때문에 여러 가지 몸짓으로 자신의 의사를 표현합니다.

동물상식 **추천사이트**

www.koreananimals.or.kr
www.childrenpark.or.kr

다음 사이트들은 www.iidle.co.kr에 링크 되어 있습니다.

www.koreananimals.or.kr

한국동물보호협회는 우리 나라의 천연기념물을 비롯하여 야생 동물들을 보호하는 곳입니다. 밀렵을 감시하고 다친 동물들을 보호, 치료하여 자연의 품으로 되돌려 보내는 곳입니다.

www.childrenpark.or.kr

어린이 대공원 동물원은 야생 동물을 비롯하여 조류, 파충류, 농장에 사는 동물 등을 자세히 관찰할 수 있습니다.

6 농장에 사는 동물

동물들은 아주 오랜 옛날부터
사람들과 함께 살았답니다.
야생에서 살던 동물들을
사람들이 길들여
가축으로 기르게
되었지요.
이 동물들은 사람들이 살아가는 데
없어서는 안 될 소중한
자원이랍니다.
동물 농장의 동물들 총집합!
꽥꽥, 왝왝, 꼬꼬댁, 음무~,
음메~, 히히힝…!

젖은 풀은 왜 토끼에게 위험할까?

장마철에는 토끼에게 절대로 물에 젖은 먹이를 주지 못하게 하는데 왜 그럴까요?

왜냐하면 토끼는 다른 동물들과 달리 물에 젖은 음식을 먹으면 배탈이 납니다. 강아지가 감기에 걸리면 위험한 것과 마찬가지로 토끼도 배탈이 나면 쉽게 고칠 수 없는 체질이랍니다. 그래서 장마철에 젖은 풀이나 채소를 주지 않는 것입니다. 하지만 장마철이라고 해서 토끼를 굶길 수는 없지요. 이 때는 물기를 잘 닦아내거나 말려서 주어야만 된답니다.

그렇다면 토끼는 물을 먹지 않고도 살 수 있나요?

토끼가 먹는 풀에는 수분이 많이 들어 있기 때문에 많은 물을 먹을 필요는 없습니다. 하지만 토끼도 매일 적당한 양의 물을 먹어야만 건강하게 잘 자랄 수 있답니다.

토끼가 먹이를 갉는 까닭은?

쥐가 여러 가지 물건을 갉는 것은, 이빨이 자라기 때문이라고 하지만

수달은 자기 똥으로 뭘 하지?

정확한 까닭은 모릅니다. 그러나 쥐의 앞니와 어금니는 죽을 때까지 계속 자라는데, 쥐에겐 치근(이빨의 뿌리 부분)이 없기 때문이죠. 사람의 이는 어른이 되면 치근이 생겨 더 이상 자라지 않습니다.

토끼의 앞니도 역시 치근이 없기 때문에 계속 자랍니다. 토끼는 먹이뿐만 아니라 나무토막, 카펫, 전깃줄 할 것 없이 닥치는 대로 갉아댑니다. 이것을 대부분의 동물학자들은 이빨이 자라는 것을 막기 위해서라고 하지만, 쥐와 마찬가지로 아직 정확한 까닭은 알 수 없다고 합니다.

토끼는 왜 뒷발로 땅을 툭툭 치는 걸까?

토끼는 크게 집토끼와 산토끼로 나눕니다.

집토끼는 유럽에 야생하고 있는 굴토끼를 잡아 기른 것으로 땅 속에 굴을 파고 삽니다. 산토끼는 우리 나라 산에도 있는데 집토끼와 비슷한 점이 많습니다.

그 가운데 뒷다리로 땅을 툭툭 치는 행동은 집토끼나 산토끼 모두 같습니다. 땅을 뒷다리로 툭툭 치는 것은 주로 수컷인데, 암컷에게 자신의 존재를 알리기 위해서라고 합니다.

토끼는 소리를 낼 수가 없기 때문에 뒷발로 땅을 세게 두들겨 암컷을 부르는 것입니다.

따라서 이 소리를 듣고 토끼의 발정기라는 것을 알게 됩니다.

 토끼는 생활 환경만 좋으면 한 달에 한 번씩 새끼를 낳을 정도로 번식력이 좋습니다. 그 새끼가 몇 달 뒤엔 어미 토끼로 자라서 또 새끼를 낳을 수 있답니다.

토끼의 종류는 앞에서 말한 산토끼와 집토끼 외에도, 털을 얻기 위해 기르는 '앙골라', 그리고 애완용 토끼도 있습니다.

예로부터 집에서 토끼를 기르는 것은 고기와 가죽을 얻기 위해서였습니다. 추운 겨울철 토끼 가죽은 귀마개, 모자 등 추위를 막는 데 중요하게 사용됩니다.

염소가 종이를 먹는다고?

시골의 논두렁에서 풀을 뜯고 있는 염소에게 다가가 풀을 주면 먹이를 잘 받아 먹을 정도로 온순하답니다. 그래서 우리 어린이들의 좋은 친구가 되기도 하지요.

그런데 먹이가 없거나 심심할 때 아이들이 신문지나 공책을 찢어서 주어도 염소는 잘 받아 먹습니다. 그런데도 절대로 탈이 나지 않아요.

그 이유는 종이도 나무로 만들어졌기 때문입니다. 나무의 냄새를 맡은 염소는 이것을 먹을 수 있는 것이라고 생각한 거지요.

염소는 위가 4개나 있어 소처럼 되새김질을 하기 때문에 소화에는 걱정이 없습니다. 그래서 염소는 종이를 잘 먹는 거예요.

염소가 제일 좋아하는 먹이는 산에서 자라는 칡넝쿨이에요. 그리고 풀, 나무줄기, 나뭇잎, 채소도 아주 좋아합니다.

염소는 두 개의 긴 뿔이 있는 것과 없는 것이 있으며, 수염이 달려 있습니다. 수염은 수컷에게만 있는데 이것 때문에 아주 재미있게 보입니다.

6장 농장에 사는 동물

새롬이의 호기심 파일

새벽을 깨우는 소리

"꼬끼오~, 꼬끼오!"

시골에 온 새롬이는 새벽에 닭 우는 소리를 듣고 잠이 깼습니다. 닭장으로 달려가 보니 수탉이 힘차게 울고 있었습니다.

"배가 고픈 모양이야."

새롬이는 먹이를 가져다 닭장 안에 넣어 주었습니다. 이때 할아버지께서 지나가시다가 새롬이를 불렀습니다.

"새롬아, 왜 꼭두새벽부터 먹이를 주느냐?"

"닭이 배가 고파 우는 것 같아서요."

"하하하! 배가 고파 운다고? 그래, 새벽마다 닭이 왜 울까? 한번 잘 생각해 보렴."

새롬이는 닭장 앞에 앉아 왜 닭이 우는지 그 이유를 곰곰이 생각하기 시작했습니다.

수탉은 왜 울까요?

1. 날씨가 흐려서
2. 암탉을 부르기 위해서
3. 배가 고파서
4. 자기 영역을 알리기 위해서

 수탉이 우는 것은 자기 영역을 알리거나 암탉을 부르기 위한 신호입니다. 그런데 수탉이 새벽에 우는 것에 대해서는 여러 가지 주장이 있습니다.

첫째, 어느 일정한 시각이 되면 닭의 눈이 빛을 느끼기 때문입니다.
둘째, 온도의 변화 때문입니다.
셋째, 체내시계에 의해 혈압이 변하기 때문입니다.
하지만 아직까지 과학적으로 확실히 증명된 사실은 없습니다.

정답: 2, 4

6장 농장에 사는 동물

달걀이 모두 병아리가 되지 않는 까닭은?

우리가 먹는 달걀을 따뜻하게 품어 주면 병아리가 나올까요?

아니요, 달걀이라고 해서 모두 병아리가 되는 것은 아니랍니다.

달걀이 병아리가 되려면 암탉의 난자와 수탉의 정자가 만나 수정이 되어야 하는데, 우리가 먹는 달걀 속에는 수탉의 정자가 없습니다. 왜냐하면 암탉 혼자서 낳은 달걀이기 때문입니다. 이런 달걀을 무정란이라고 합니다.

무정란은 흰자와 노른자의 영양분과 칼슘인 알껍질과 함께 암탉의 몸 밖으로 나오지만, 병아리가 되지 못하므로 식용으로 쓰이게 되는 것입니다. 이것이 사람들이 먹는 달걀입니다.

달걀도 숨을 쉰다?

달걀에는 우리 눈에 보이지 않지만 숨구멍이 자그마치 7천 개 정도나 있습니다. 달걀은 숨구멍을 통해서 산

소를 빨아들이고 이산화탄소를 내뿜으며, 수분도 조절합니다. 말하자면 달걀은 병아리가 될 생명체인 것입니다.

달걀 껍질의 두께는 0.26~0.36밀리미터이고, 이 껍질의 성분은 대부분이 탄산칼슘입니다. 공기 중의 세균이 숨구멍을 통해 침입하더라도 껍질 안쪽에는 세균을 막는 이중막이 있어 안전하답니다.

병아리는 어떻게 알을 깨고 나올까?

병아리는 알에서 나오기 2일 전, 늦는 것은 3~4시간 전부터 껍데기 안에서 삐악삐악 울면서 나올 준비를 합니다. 달걀 껍데기 바로 밑에 있는 장뇨막을 통해 숨을 쉬다가 19일째 되는 날부터 자신의 폐로 숨을 쉽니다. 그렇다면 병아리는 어떻게 알을 깨고 나올까요?

병아리는 윗입 끝에 딱딱한 부리가 삼각형 모양으로 한 면에 붙어 있습니다. 이빨 같다고 하여 난치라고 부릅니다. 병아리는 이 난치를 이용해 달걀 껍데기를 뚫고 자신의 힘으로 나옵니다. 알을 깨고 나오면 난치는 필요가 없으므로 떨어져 버립니다.

새롬이의 호기심 파일

얼음 위의 발레리나

　날씨가 추워져 저수지가 꽁꽁 얼었습니다. 새롬이는 아빠와 함께 스케이트를 타러 나가려고 했습니다. 그러자 할아버지께서는 발에 동상 걸린다며 조금만 놀다가 들어오라고 당부하셨지요.
　저수지에는 오리들이 얼음 위를 걸어다니며 꽥꽥 소리를 지르고 있었습니다. 꽁꽁 얼어붙은 얼음 위를 뒤뚱뒤뚱 잘도 걸어가는 오리를 보니까 우습기도 하고 신기하기도 했어요.
　"아빠, 오리들은 왜 발에 동상이 걸리지 않을까요?"
　"아마 오리들은 특수 신발을 신었나 보다."
　아빠 말씀대로 정말로 오리는 얼음 위를 걸어다녀도 끄떡없는 특수 신발을 가진 걸까요?

142
수달은 자기 똥으로 뭘 하지?

오리 발은 왜 동상에 안 걸릴까요?

1. 기름이 많아서
2. 털이 있어서
3. 신경이 없어서

　　　오리 발은 신경이 없고 피도 흐르지 않아 늘 찬물 속에 있어도 동상에 걸리지 않습니다.
　　그리고 오리는 심장에서 멀어질수록 체온이 낮고, 심장에 가까울수록 체온이 높답니다. 그렇지만 다리의 체온이 동상을 입을 정도로 떨어지는 것은 아닙니다.
　　오리의 몸통에는 두꺼운 솜털이 빽빽하게 나 있기 때문에 살갗이 물에 직접 닿지 않아 체온을 빼앗기지 않습니다. 더구나 오리는 꼬리 가까이에 기름샘이 있는데 부리로 이 기름을 깃털에다 늘 고르게 발라 주기 때문에 깃털에 물이 스며들지 않는 것입니다.

정답 : 3

닭은 유리나 모래를 먹어도 괜찮을까?

닭을 해부해 보면 식도 다음으로 근위라는 부위가 있습니다. 이것을 '모래주머니'라고 합니다. 모래주머니를 잘라 보면 작은 돌멩이나 모래, 때로는 도자기 파편, 유리 등이 들어 있습니다.

새는 이빨이 없기 때문에 먹이를 쪼아서 그대로 식도로 보내 먹이주머니에 저장합니다. 여기에 모아진 먹이들은 다시 조금씩 모래주머니로 보내집니다. 그러면 모래주머니에 있는 돌멩이나 모래가 먹이와 섞이며 잘게 부숴 소화되기 쉽게 합니다. 이곳에 있는 돌멩이나 모래가 이빨 역할을 하는 것이지요.

말발굽과 손톱은 어떻게 생겨난 걸까?

말발굽이나 사람의 손톱이 모두 단단한 것은 왜일까요?

말발굽과 손톱을 현미경으로 조사해 보면, 모두 피부의 제일 바깥쪽에 있는 표피가 굳어진 것이란 걸 알 수 있습니다. 이를 각화라고 하는데, 사람의 때나 비듬도 이에 속합니다.

표피가 단단하게 굳어진 것은 그 부위가 생존하는 데 필요했기 때문입니다. 그러니까 자주 쓰는 부분은 발달하고 쓰지 않는 부분은 퇴화하는 것과 같은 이치입니다.

말은 풀을 뜯으러 들판을 돌아다니기 때문에 거기에 알맞게 두꺼운 말굽이 생긴 것입니다.

사람의 선조도 처음엔 틀림없이 생활을 위해 손톱을 사용했기 때문에 강하고 두꺼웠을지도 모릅니다. 그러나 생활에 필요한 도구가 발명되어 점차 손톱을 쓸 기회가 없어지자 지금처럼 얇고 연약하게 퇴화해 버린 것입니다.

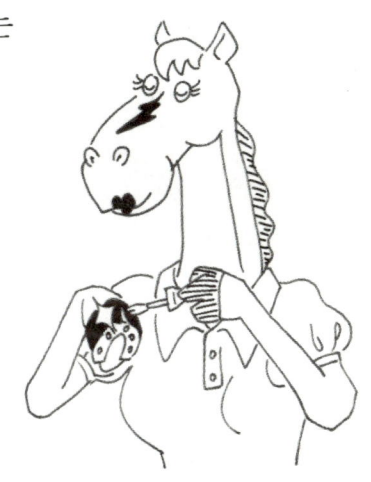

소 똥은 왜 묽을까?

초식 동물인 염소, 영양, 사슴, 토끼, 쥐의 똥은 콩처럼 동글동글한 것이 특징입니다. 그런데 같은 초식 동물이라도 소의 똥은 크고 질퍽한데 왜 그럴까요?

먹이는 위에서 잘게 조각나 작은창자와 큰창자로 보내집니다. 소화와 영양분의 흡수는 주로 작은창자에서 이루어집니다.

똥이 콩처럼 동글동글한 동물들의 작은창자는 작은 주름으로 되어 있습니다. 그래서 이 작은 주름이 흡수 면적을 넓게 하기 때문에 똥이 가늘고 동그랗게 되는 것입니다. 그러나 소는 작은창자의 주름이 크기 때문에 뭉쳐지지 않아 묽고 질펀하게 똥을 싼답니다.

6장 농장에 사는 동물

칠면조는 몇 가지 색으로 변할까?

칠면조는 처음에 새였지만 차츰 사람들에게 길들여져서 지금은 사육되고 있는 동물입니다. 미국에서는 크리스마스 때면 칠면조 요리가 등장합니다.

칠면조는 공작새처럼 꼬리의 깃털을 활짝 펴기도 하지요. 그런데 칠면조의 머리는 털이 하나도 없답니다. 그래서 대머리 공작새처럼 보입니다. 다소 웃기게 생겼지만 흔히 흥분을 하면 사람에게 대들며 부리로 쪼거나 '꾸르르 꾸르르' 소리를 내며 알 수 없는 표현을 합니다.

그리고 흥분하면 혈액이 머리 위로 솟구쳐서 대머리 부분에 색깔이 비친답니다. 이 대머리 부분은 칠면조 감정에 따라 여러 가지 색으로 변합니다. 그래서 우리는 칠면조라는 이름 때문에 대머리에 비쳐지는 색이 7가지로 변한다고 생각합니다. 그러나 칠면조는 3가지 색으로 바뀐답니다.

처음에는 붉은색 그 다음엔 분홍색, 다시 엷은 파란색으로 바뀐답니다. 그리고 흥분이 차차 가라앉으면 붉은색에서 분홍색, 엷은 파란색으로 바뀌지요.

 칠면조는 흥분을 잘 하기 때문에 가까이서 놀리면 상처를 입을 수가 있으니 조심하세요!

수달은 자기 똥으로 뭘 하지?

똥 이야기

박쥐의 화장실

박쥐는 저마다 마음에 드는 곳을 화장실로 정해 놓고 있습니다. 언제나 거기에 매달려 똥을 누기 때문에 그 아래는 큰 똥더미가 생길 수밖에요!

새끼 코알라의 이유식은 똥?

새끼 코알라의 이유식은 어미의 똥입니다. 어미 코알라는 따뜻하고 깨끗한 물 같은 똥을 누고, 그 똥을 새끼에게 먹입니다. 어미의 똥 속에는 먹이인 유칼리 잎을 소화하는 효소가 포함되어 있고, 그것을 먹지 않으면 새끼 코알라는 크지 못한대요. 뿐만 아니라, 유칼리 잎을 소화시킬 수도 없어서 죽어 버리고 만답니다.

열흘에 한 번 똥을 누는 나무늘보

세발가락나무늘보는 야행성이라 낮에는 나무에 거꾸로 매달려 잠을 자는데 열흘에 한 번 나무에서 내려와 똥을 눕니다. 나무의 밑둥을 껴안고 꼬리를 땅에 대고 구덩이를 판 다음 그 안에 똥을 눈대요. 이 때 나무늘보의 몸에 살고 있는 벌레들은 일제히 그 똥에 알을 낳는대요. 그리고 알에서 나온 벌레들은 또 다른 나무늘보를 찾아서 산대요.

동물상식 추천사이트

www.animal1004.com
www.dogpia.org

다음 사이트들은 www.iidle.co.kr에 링크 되어 있습니다.

www.animal1004.com

동사꿈사는 동물과 인간과의 관계가 보다 친밀해지고, 함께 살아갈 수 있도록 하는 것과 버려지는 동물이 감소되는 것을 목적으로 합니다. 활동의 일환으로 올바른 동물과 인간과의 관계 증진을 위한 교육, 버려진 동물을 보호하고 있는 보호소의 소개, 동사꿈사 회원들의 자원 봉사자 교육, 그리고 동물 보호소에 수용된 동물들이 복지적인 측면에서 합리적으로 운영될 수 있도록 제안과 후원을 하고자 발족한 단체입니다.

www.dogpia.org

한국애완동물보호협회 사이트는 애완 동물에 관한 모든 자료와 사진을 보여 주고 있습니다. 더 알고 싶은 어린이들은 이 사이트에 들어가면 도움을 받을 수 있습니다.

7 집안에 사는 동물

애완 동물은 인간과 한 집안에서
한솥밥을 먹으며 한 식구로
살고 있습니다.
그런데 동물과 한가족으로 사는 일은
많은 사랑과 노력이 필요하답니다.
말이 통하지 않는 동물들의
마음을 이해하려면,
동물의 습성과 상태를 잘 알아야겠죠?
내가 기르는 애완 동물에 대해
여러분은 얼마나 알고 있나요?

개가 먹이를 땅 속에 묻는 까닭은?

동물에겐 먹이가 부족할 때를 대비해 미리 저장해 두는 습성이 있습니다. 예를 들면 때까치는 가을이 되면 도마뱀이나 개구리를 잡아 작은 나뭇가지에 꽂아 두는데, 이것을 '때까치의 가지먹이'라고 합니다.

개에게도 이런 습성이 있답니다. 개의 조상은 야생의 육식 동물로서 토끼 같은 초식 동물을 주로 잡아먹었습니다. 그런데 먹이가 항상 풍부한 것이 아니기 때문에 먹이를 구하지 못할 때를 대비해 먹이가 많을 때는 그것을 땅 속에 묻어 두는 습성이 생긴 것입니다. 이런 조상의 습성이 사람에게 길들여지고 먹이 걱정이 없어진 지금까지 남아 있는 것으로 보입니다.

하지만 개나 때까치가 먹이가 부족할 때 저장해 둔 먹이를 기억해 찾아 먹는지는 의문입니다. 대부분 묻은 곳을 잊어버리거나 먹이가 풍부할 때는 먹지 않는다고 합니다.

수달은 자기 똥으로 뭘 하지?

개는 왜 전봇대에 오줌을 눌까?

 수캉아지는 전봇대가 있으면 먼저 냄새를 맡고 나서 볼일을 보는데, 놀랄 만큼 양이 많습니다.
 그런데 왜 전봇대에 오줌을 눌까요?
 그것은 개의 오줌에는 자신만의 냄새인 페로몬이라는 것이 있습니다. 이것으로 자신의 세력권을 표시하기 위한 것입니다. 페로몬은 농도가 아주 묽어서 사람은 맡을 수 없지만, 개들끼리는 알 수 있습니다.
 페로몬은 개미에게도 볼 수 있습니다. 개미가 먹이를 발견하고 알리러 갈 때, 꽁지에서 페로몬이 나옵니다. 그러면 다른 개미들이 그 냄새를 맡고 먹이를 쉽게 찾아가는 것이지요. 이른바 '개미의 길'이 생기는 것이랍니다. 이것은 다른 말로 '길잡이 페로몬'이라고도 부릅니다.
 예로부터 '눈이 오면 개도 덩달아 좋아한다'라는 말이 있습니다. 여러분도 눈 오는 걸 좋아하죠? 개도 눈이 오면 기쁜 듯이 주변에 오줌을 누고 돌아다닙니다. 그러나 사실은 눈 때문에 자신의 영역 표시가 지워져 다른 개들이 자신의 영역에 들어올까 봐 표시를 하는 것이지요. 절대로 눈이 와서 기뻐하는 것이 아니랍니다.

개는 왜 낮에 꾸벅꾸벅 조는 걸까?

따스한 햇볕이 내리쬐는 곳에서 팔자 좋게 누워 잠자는 개를 보고 '개팔자가 상팔자'라고 말하지요. 그러나 개는 밤에 주로 깨어 있기 때문에 낮에 자는 거예요. 밤에 뭐 하냐고요? 아, 그거야 집을 지키기 위해 자신의 책임과 의무를 다하는 거지요. 그래서 낮에 조는 거니까 너무 야단치지 마세요.

개는 늑대과에 속하는 야행성 동물입니다. 야행성 동물은 주로 밤에 활동해요. 밤에 뜬눈으로 지새우다 보니 낮에는 자연히 잠을 자는 겁니다.

하지만 개의 신경은 예민해서 아주 작은 소리에도 눈을 뜹니다. 따라서 깊은 잠을 자는 시간은 아주 짧다고 할 수 있지요. 그러나 강아지일 때는 신경이 덜 발달되었기 때문에 잘 잔다고 합니다.

동물에게 잠은 꼭 필요한 것이고 자연스러운 현상입니다. 왜 잠을 자는지는 밝혀지지 않았습니다. 다만 뇌를 쉬게 하고 몸의 피로를 푸는 것으로 알려져 있습니다. 심지어 물고기조차 밤에는 잠을 잡니다.

수달은 자기 똥으로 뭘 하지?

사람이 달리면 개는 왜 쫓아올까?

개를 풀밭이나 공원에 데려가 풀어 주면 즐겁게 주위를 뛰어다닙니다. 이런 행동은 개가 늑대과로 야생일 때 사냥감을 쫓아다니던 습성 때문입니다. 사람이 기르면서 운동 부족이 되기 때문에, 마음껏 달리면서 스트레스를 해소하는 것이랍니다.

개는 동물 중에서 주인에게 가장 충실한 동물입니다. 이것은 사냥개나 양치기개가 주인의 지시대로 움직이는 것을 보면 잘 알 수 있습니다. 충실하고 영리한 개들은 주인이 달리면 달리는 것을 좋아하는 동물이라 즐겁게 쫓아오는 거랍니다.

개는 왜 혀를 내밀고 헐떡거릴까?

여름이 되면 개는 입을 크게 벌리고 빨갛고 긴 혀를 내밀며 숨을 헐떡입니다. 몹시 힘들고 금방 죽을 것 같이 보입니다. 사람도 달리거나 힘든 운동을 한 뒤엔 숨쉬기가 힘들지만 개처럼 괴롭지는 않습니다. 이 차이는 왜 생길까요? 바로 개에게는 땀샘이 없기 때문입니다.

땀샘이란, 동물 피부에 있는 것으로 몸 안에서 생긴 땀이나 찌꺼기를 내보내는 역할을 하는데, 이 때 열도 함께 내보냅니다. 이 작용으로 몸의 온도를 일정하게 유지할 수 있는 것입니다. 개에겐 땀샘이 없습니다. 그래서 숨쉴 때 혀로 이 작용을 대신하기 때문에 숨을 가쁘게 내쉬는 거랍니다. 즉, 개가 혀를 내밀고 헐떡이는 것은 몸 속에 생긴 열을 밖으로 내보내는 것이며, 침을 흘리는 것은 사람이 땀을 흘리는 것과 같답니다.

진돗개와 풍산개

진돗개는 우리 나라 천연기념물 제53호로서 전남 진도에서만 나는 토종개입니다. 진돗개의 몸은 황갈색 또는 백색이며 얼굴은 거의 팔각형이고 목이 굵고 꼬리는 위로 치켜올라가 왼쪽으로 말려 있고 귀는 뾰족하게 서 있습니다. 동물을 잡을 정도로 민첩하고 용맹스러우며 주인을 잘 따르는 충견으로 이름이 나 있습니다.

풍산개는 진돗개와 함께 우리 나라 대표적인 토종개입니다. 옛부터 함북 풍산군 풍산면과 안수면 일대에서 기르던 우리 나라 고유의 사냥개입니다. 1942년 조선총독부에서 천연기념물 제128호로 지정했으며, 그 후 북한에서도 천연기념물 제368호로 지정, 보호하고 있습니다. 풍산개의 생김새는 진돗개와 비슷하지만 몸집이 크고 성격이 용맹스러우며 체질이 강하여 질병과 추위에 강하다고 합니다.

수달은 자기 똥으로 뭘 하지?

개는 왜 밤에 아무도 없는데 짖는 걸까?

집을 지키는 개는 낯선 사람이 나타나면 으르렁거리며 짖어댑니다. 그런데 한밤중이라 사람 그림자도 안 보이는데 맹렬히 짖지요.

왜 그럴까요?

그것은 사람의 눈에는 보이지 않지만 개는 뭔가 이상한 소리나 낯선 냄새를 맡았기 때문입니다. 개가 냄새를 맡는 능력은 사람의 10만 배에서 10억 배나 되고 소리를 듣는 능력은 사람의 4배나 됩니다. 그래서 발소리를 가장 빨리 알아듣고, 냄새로 상대를 알아냅니다.

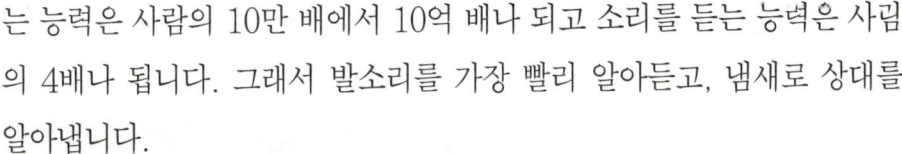

만일 주인이나 가족들의 냄새가 나면 꼬리를 흔들고 소리를 내어 반깁니다. 하지만 전혀 새로운 냄새가 나면 이상하게 여기고 즉시 짖어대는 것이랍니다.

개는 주인을 닮는다는데 정말일까?

네, 그렇습니다. 개뿐만 아니라 닭이나 새들도 주인의 성질을 닮습니다.

동물들에게도 환경이 중요하다는 연구 결과가 있습니다. 예를 들어 새끼였을 때 함께 놀아주거나 애정을 보여주면 성격이 침착해집니다. 이와 반대로 먹이 주는 일 외엔 그다지 관심을 보이지 않으면 성질이 거칠어집니다. 자신이 사랑을 받느냐 미움을 받느냐에 따라 애완 동물의 성질이 달라진다는 얘기입니다.

동물이 자신을 기르는 주인을 닮는 까닭은, 새끼였을 때부터 주인의 기르는 방법에 익숙해져 주인의 행동을 잘 기억하기 때문입니다. 다시 말해, 주인의 행동에 따라 그대로 반응을 보이기 때문에 애완 동물을 기를 때는 깊은 애정을 가지고 기르는 것이 중요합니다.

동물들도 자신을 사랑하는지 그렇지 않은지 다 알고 있으니까요!

개 코는 왜 늘 축축하게 젖어 있을까?

개의 코를 잘 살펴보면 물기가 축축하게 있는 것을 볼 수 있습니다. 왜 그럴까요? 콧물을 흘리는 것일까요?

이 까닭은 개가 냄새를 잘 맡는 것과 관계가 있습니다. 사람이나 동물들이 냄새를 맡을 수 있는 것은, 공기중에 떠돌아다니는 냄새의 알갱이가 숨을 쉴 때 콧속에 달라붙기 때문입니다. 그런데 개의 코는 늘 축축하게 젖어 있어서 이 알갱이들이 달라붙기 쉽게 되어 있지요. 더구나 개는 코끝을 자주 핥아 주어 항상 축축하도록 신경을 쓴답니다. 그래서 개가 사람보다 훨씬 냄새를 잘 맡는 거예요. 만일 개의 코가 말라 있다면 병이 난 것이니 병원에 데리고 가야 합니다.

개는 얼마나 오래 살까?

개 중에서 가장 오래 산 것은 영국에서 살던 개로, 27년 11개월이나 살았다는 기록이 있습니다. 정확한 기록은 아니지만 29년을 살았던 개도 있다고 합니다.

하지만 아무리 오래 산다 해도 30년을 넘진 못한대요. 그러나 몸집 등으로 볼 때 그리 짧은 수명은 아닙니다.

새롬이의 호기심 파일

누렁이가 닭을 물었대요!

할아버지 댁 누렁이가 글쎄, 이웃집 닭을 물었대요. 이웃집 할아버지가 오셔서는 누렁이를 매둬야겠다며 걱정을 하시는 게 아니겠어요. 그 말을 들은 삼촌은 누렁이에게 다가가 큰 소리로 야단을 쳤어요.

"누렁이, 너 이리 와! 왜 동네 닭들을 괴롭히는 거지. 다시 한 번 그랬다간 혼날 줄 알아!"

누렁이는 삼촌의 말을 알아듣는지 눈치를 보면서 낑낑거리더니 꼬리를 내리고는 숨는 게 아니겠어요.

"그만해 둬라. 그 정도면 누렁이도 알아들었을 게야."

할아버지는 삼촌에게 그만 야단치라고 말씀하셨어요. 새롬이는 개가 사람 말을 알아듣는지 궁금했어요.

"할아버지, 누렁이가 말을 알아들어요?"

"그렇고 말고. 사람하고 오래 함께 산 동물은 말을 알아듣는단다."

정말로 삼촌 말을 알아들었는지 누렁이는 쥐죽은 듯 얌전하게 있었어요.

158

수달은 자기 똥으로 뭘 하지?

개가 사람 말을 알아들을 수 있을까요?

1. 개는 지능이 높아서 사람의 언어를 이해한다.
2. 개는 청각이 발달하여 사람 말을 알아듣는다.
3. 전혀 못 알아듣는다.
4. 눈치로 안다.

 개는 머리가 상당히 뛰어난 동물로 사람의 목소리를 금방 기억해 냅니다. 어떤 개라도 조금만 훈련을 시키면 간단한 동작은 할 수가 있어요. 하지만 사람의 말을 알아듣고 이해하는 것은 아니에요. 명령하는 사람의 목소리를 통해 어떻게 해야 하는지 눈치껏 알아채는 거예요. 따라서 개가 잘못을 했으면 그 즉시 야단을 쳐야 합니다. 그래야만 그것이 잘못된 행동이란 걸 알고 다시는 하지 않지요.

정답 : 4

7장 집안에 사는 동물

고양이의 수염을 자르면?

고양이가 쥐를 잡는 걸 본 적이 있나요? 고양이는 쥐를 잡을 때면 우선 길고 빳빳한 수염을 곤두세운답니다. 그것은 수염으로 가까이 있는 먹이의 움직임을 느끼기 위해서입니다. 그리고 먹이의 움직임을 알아내면 소리 없이 다가가 날쌔게 잡아챈답니다.

이 때 고양이의 가장 중요한 사냥 무기가 바로 수염입니다. 사람에게도 수염이 있지만 그 기능은 동물과 크게 다릅니다. 동물의 수염은 동물이 살아가는 데 없어서는 안 될 중요한 무기입니다. 즉, 동물의 수염엔 예민한 신경이 살아 있습니다. 수염으로 주변의 모든 것을 느끼고, 자신의 위치나 장소를 판단할 수 있다고 합니다.

이와 같이 고양이도 자신의 최대 무기인 수염을 이용하여 쥐의 위치를 알아내어 잡는 것입니다. 그러니까 고양이의 수염을 자르면, 맹인이 지팡이 없이 길을 가듯 고양이는 방향을 잃어버리게 되지요. 그리고 쥐가 어디쯤 있는지 몰라서 저녁밥은 굶게 될 거예요.

이제, 여러분도 장난으로 고양이 수염을 잘라선 안 된다는 걸 알겠죠!

수달은 자기 똥으로 뭘 하지?

고양이의 눈동자가 밤에 커지는 까닭은?

'고양이 눈처럼 변한다'라는 말이 있습니다.

고양이의 눈, 정확히 말하면 눈동자는 가늘거나 큰 동그라미같이 되기도 합니다. 이 눈동자의 역할은 빛의 양을 적당히 조절하는 일입니다. 마치 카메라의 조리개와 같은 것이지요.

만일 눈동자가 빛의 양을 조질하지 못한다면, 가장 안쪽에 있는 소중한 망막이 타 버릴 것입니다. 스키장에서 선글라스를 끼는 것도 이것을 막기 위해서랍니다.

고양이의 눈은 빛의 양이 많은 낮 동안은 위아래로 가늘어지고, 빛의 양이 적은 밤엔 동그랗게 됩니다. 또한 눈의 근육이 위아래로 움직여 눈동자를 세게 잡아당기게 되므로 거의 완전하게 닫을 수가 있습니다. 사람의 눈동자 근육(괄약근)은 눈동자 주위에 평형을 이루고 있기 때문에 고양이처럼 닫히지는 않습니다.

7장 집안에 사는 동물

물을 싫어하는 고양이가 왜 물고기는 좋아할까?

고양이는 확실히 수영이 서툰데, 이것은 고양이가 숲에 사는 동물이기 때문입니다. 하지만 물이 싫다고 물을 안 마시고는 살 수 없겠죠!

그리고 왜 물고기를 먹느냐 하면, 고양이는 사자나 호랑이처럼 육식 동물이라 생선을 좋아합니다. 또 어떤 고양이는 얕은 물에 사는 물고기를 직접 잡아먹기도 합니다.

사자나 호랑이도 물고기를 좋아한답니다. 전쟁 당시 고기가 부족한 동물원에서는 정어리를 먹였는데 아주 잘 먹었다고 합니다.

그러나 이 경우는, 고양이가 물을 싫어해도 물고기를 먹는 것과는 다른 이야기입니다.

고양이가 좁은 틈으로 잘 드나드는 비결은?

고양이는 아주 조그마한 틈 사이로 마음대로 들락날락합니다. 몸집이 큰 데도 말이지요.

고양이의 행동을 잘 살펴보면, 먼저 머리를 틈에 대고 지나갈 수 있는지 없는지를 확인합니다. 그런 다음 들어갈 수 있다고 여기면 그 틈에 머리를 넣고 몸 전체를 가늘게 뻗은 채 통과합니다. 몸을 길쭉하게 할 수 있는 것은 어깨뼈가 가로로 되어 있지 않고, 세로로 되어 있기 때문입니다. 그래서 아무리 작은 곳이라도 머리만 통과하면 들어갈 수 있는 것입니다. 이것은 쥐도 마찬가지입니다.

고양이가 먹으면 안 되는 음식

1. 양파나 파를 고양이에게 계속 주면 적혈구가 파괴되어 빈혈을 일으킵니다.
2. 등푸른 생선은 계속 주지 마세요.
3. 닭고기나 도미 등의 뼈는 너무 딱딱해서 소화를 시키기가 어려워 위장에 상처를 주므로 주의하세요.
4. 너무 뜨거운 음식과 차가운 음식, 또 매운 것을 주면 안 돼요. 고양이는 씹지 않고 삼키기 때문에 위가 부담을 느낀답니다.

새롬이의 호기심 파일

고양이는 잠꾸러기

새롬이는 집에서 기르는 고양이 야옹이가 낮에 졸고 있는 것을 자주 보았습니다.

일요일에도 따스한 햇볕이 내리쬐는 곳에 앉아 하루 종일 졸고 있는 게 아니에요. 새롬이가 지나가도 잠깐 움찔거릴 뿐입니다.

그래서 새롬이는 얼굴을 톡톡 건드려 보았습니다. 그래도 고양이는 귀찮은 표정을 짓더니 다시 눈을 감고 잠을 잤습니다. 그래서 새롬이는 은근히 걱정이 되었습니다.

'야옹이가 어디 아픈 게 아닐까?'

그런 야옹이가 저녁이 되자 재롱을 부리며 뛰어다니는 게 아니겠어요.

수달은 자기 똥으로 뭘 하지?

고양이는 왜 낮에 잠을 잘까요?

1. 배가 불러서
2. 밤에 잠을 못 자서
3. 눈이 나빠서
4. 신경쓰기 싫어서

 고양이는 매우 잠이 많은 동물입니다.
하루에 약 19시간을 자니까요. 또한 밤에 활동하는 '야행성 동물'이기 때문에 낮에 충분히 잠을 자 두어야 제대로 활동을 합니다. 그래야 밤에 돌아다니는 쥐를 잡아먹을 수 있으니까요.

정답 : 2

7장 집안에 사는 동물

쥐는 비누를 좋아하는 걸까?

쥐는 아주 오래 전부터 사람과 함께 살아 왔습니다. 쥐는 늘상 집 안 구석구석을 기웃거리며 먹을 것을 찾아다니지요. 특히 쥐는 어두운 곳을 좋아한답니다. 시골의 곳간이나 도시의 하수도, 심지어 지하철 역사 안에도 쥐가 살고 있어요.

그런데 쥐가 비누를 갉아먹는 경우가 많아요. 시골에서 아침에 일어나 보면 수돗가에 놓아 둔 비누에 이빨 자국이 나 있어요. 그런데 합성 세제인 가루 비누는 건드리지도 않는답니다! 왜 그럴까요?

쥐는 음식에 대해 굉장히 예민하고 까다롭습니다. 쥐가 아무 것이나 먹는 줄 알면 잘못된 생각이지요. 해로운 음식이나 물건은 절대로 먹지 않습니다. 또한 그런 것을 구별할 능력도 있답니다.

쥐는 먹이를 먹는 일과 새끼를 낳는 일에 일생을 바치기 때문에 음식물을 선택하는 데 아주 조심성이 많습니다.

비누를 먹는 것은 쥐가 좋아하는 물질, 즉 야자유 같은 식물성 기름이 들어 있어 좋아하는지도 모릅니다. 또한 비누를 좋아하면서도 합성 세제를 먹지 않는 것은 이 물질이 화학적으로 만들어진 것이라 식물성이 없다고 판단하는 것 같아요. 놀라운 판단력이지요.

수달은 자기 똥으로 뭘 하지?

바퀴벌레의 수명은 얼마나 될까?

집 안 어두운 곳에서 살고 있는 바퀴벌레는 늘 골칫거리예요. 습한 곳이나 지저분한 곳에 살면서 나쁜 병을 옮길 수도 있으니까요.

바퀴벌레는 수억만 년 전 화석에서도 발견되었는데 그 모양이 거의 변하지 않았다고 합니다. 아주 오래되고 끈질긴 곤충이지요.

그런데 바퀴벌레의 수명은 그다지 길지 않습니다. 바퀴벌레의 수명은 종류에 따라 다른데 몸뚱이가 큰 왕바퀴는 1년 가량 살고, 몸뚱이가 작은 중바퀴는 6개월 정도 살지요.

바퀴벌레는 주로 음식이나 옷에 세균을 묻히고 다니는 해로운 벌레입니다. 그러니 언제나 주변을 깨끗하게 하고 음식물을 잘 보관하여 바퀴벌레가 살지 않도록 해야겠습니다.

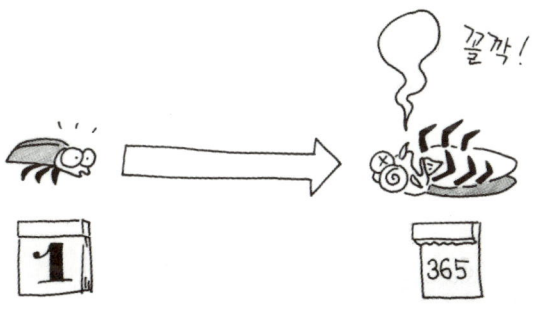

 바퀴벌레의 빛나는 몸덩어리 때문에 시골에서는 황금벌레라고 해서 죽이지 않고 먹이까지 주면서 길렀던 적이 있었습니다. 그 때만 해도 해충이라고 생각하지 않고 복을 가져다 준다고 생각을 했대요.

파리는 다리로 맛을 본다고?

파리는 집 안에서 사람과 함께 살지만 대접을 못 받습니다. 그 까닭은 우리가 맛있게 먹을 음식에 달라붙기 때문이지요. 그런데 파리는 입으로 음식 맛을 보는 게 아니랍니다. 다리에 난 털로 먼저 슬쩍 맛을 보고는 맛있다고 생각되면 늘어났다 줄었다 하는 파리 입으로 음식을 먹기 시작한대요.

파리가 다리를 싹싹 비는 것은 음식 맛을 보기 위함입니다. 그런 모습을 보고는 파리가 사람보다 먼저 음식을 먹었으니 잘못했다고 비는 거라는 우스운 이야기가 전해지고 있지요. 아마도 파리의 특이한 행동을 보고 사람들이 만들어낸 재미난 이야기인 것 같아요.

사람을 무는 모기는 암컷일까, 수컷일까?

사람이나 동물을 무는 모기는 모두 암컷입니다. 사람과 동물의 피는 암컷 모기가 알을 낳는 데 필요한 영양분이 되기 때문이래요.

모기는 어두운 밤에도 사람이나 동물에게 잘 덤벼듭니다. 물론 사람의 피를 빨아먹기 위해서지요.

그런데 모기는 캄캄한 어둠 속에서 어떻게 사람을 알아볼까요? 그건

사람이 숨쉴 때 내뿜는 이산화탄소와 사람의 냄새를 맡고 달려드는 것입니다. 그뿐만 아니라 사람의 체온까지 느낄 정도로 예민합니다.

모기가 어떻게 고층 아파트에 살까?

모기는 물이 고여 있는 웅덩이나 습한 풀숲에 살고 있습니다. 모기는 높이 날 수가 없습니다. 그래서 높은 산 깊은 계곡에는 모기가 살지를 못합니다.

그런데 어떻게 고층 아파트에 모기가 들어올까요?

모기는 아파트 주변에 있는 나무에 살다가 날아들어 오거나 엘리베이터를 이용해 고층 아파트 안으로 침입을 한대요. 그러니까 요즘 모기들은 사람과 똑같이 엘리베이터를 이용해 들어와 사람들을 괴롭힌다니 우습지요.

동물상식 추천사이트

www.npa.or.kr/intro4.htm
www.nara.co.kr/public/nature

다음 사이트들은 www.iidle.co.kr에 링크 되어 있습니다.

www.npa.or.kr/intro4.htm

국립 공원관리공단 사이트에는 국립 공원에 대한 자세한 설명과 자료가 제공되고 있습니다. 또한 숲·갯벌 등의 생태, 체험 교육을 위한 답사 코스, 환경·문헌·통계·자원 등에 관한 자료뿐 아니라, 궁금한 것을 질문하고 솜씨를 자랑할 수 있는 열린 공간도 준비되어 있답니다. 인터넷으로 국립 공원 답사 끝!~

www.nara.co.kr/public/nature

한국의 천연기념물 은 환경 보호 차원에서 보호·재평가 되어야 하는 천연기념물 정보가 들어 있습니다. 지정기념물, 동물, 식물, 화석 검색 서비스를 받을 수 있습니다.

8 동물들의 놀라운 초능력

동물에게는 인간의 첨단 과학으로도 밝혀내지 못하는
놀라운 능력이 있답니다.
　그래서 과학자들은 동물들의 초능력을 연구해서
인간의 생활에 응용하기도 한답니다.
　놀라운 동물들의 초능력을 찾아서!
　자, 함께 가 볼까요!

전기를 일으키는 물고기

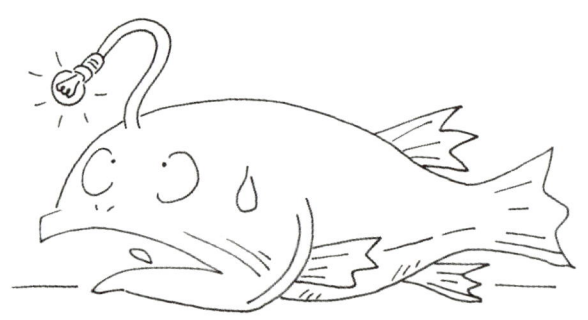

지구에 사는 생물 가운데 전기를 일으키는 물고기가 있대요.

전기가오리, 전기메기, 전기뱀장어 등이 바로 그 주인공이랍니다. 그 가운데 전기뱀장어는 650~850볼트나 되는 강력한 전기를 일으킵니다. 우리가 집에서 이용하는 전기 제품들이 보통 110볼트나 220볼트의 전기로 작동된다는 걸 생각하면 전기뱀장어가 얼마나 센 전기를 일으키는지 알 수 있겠죠.

전기뱀장어가 전기를 일으킬 수 있는 시간은 약 5초 동안입니다. 그러나 20분쯤 지나면 다시 전기를 일으킬 수 있지요.

전기뱀장어가 전기를 일으키는 까닭은 먹이를 잡기 위해서입니다. 우선 먹이를 찾기 위해 꼬리 부분에서 1초에 2~3번 음파를 내보내 먹이가 있는 위치를 알아냅니다. 그러면 몸 뒤쪽 양 옆구리의 발전 조직에서 전기를 일으켜 먹이를 감전시킨 뒤에 잡아먹게 되지요.

전기뱀장어 650~850볼트

전기뱀장어는 남아프리카의 아마존 강, 오리노코 강 등지에 살며 크기는 2미터 안팎이고 어두운 갈색의 빛깔을 띤답니다.

동물이 지진을 제일 먼저 느껴요

동물에게 태풍이나 지진을 미리 아는 초능력이 있는지는 아직 과학적으로 증명되지 않았습니다.

중국에서 대지진이 일어났을 때의 일입니다. 지신이 일어나기 얼마 전부터 쥐 떼가 나타나거나 혹은 여러 동물들이 이상한 행동을 보였다고 합니다.

꿩은 지진이 일어나기 2~3초 전에 운다고 알려져 있습니다. 이것은 지진이 나기 전에 사람이 느끼지 못할 정도로 약하게 흔들리거나 지진에 따르는 음파가 생기는데, 새들은 인간보다 민감하기 때문에 먼저 느낀답니다.

개구리나 곤충도 태풍과 같은 기상 변화를 미리 느낀다고 합니다. 이에 대해 많은 과학자들이 연구하고 있지만, 이러한 현상은 과학적으로 아직 증명하지 못했습니다.

사냥의 명수 - 식충 식물

벌레잡이 제비꽃

벌레가 식물의 잎이나 줄기를 먹는 게 아니라 식물이 벌레를 잡아먹는다고요?

이런 이야기를 들으면 깜짝 놀랄 어린이들도 있겠지요. 그러나 식충 식물은 엄연히 지구에 살고 있습니다. 그러면 그런 식물은 얼마나 될까요?

곤충을 잡아먹는 식물의 종류만 해도 수백 종류가 넘습니다. 더구나 곤충을 잡아먹는 식물은 매우 영리하고 잔혹해서 먹이를 기습해서 잡아먹는데 이것은 동물하고 다를 게 없습니다.

가장 대표적인 식충 식물은 아시아 열대 지방에서 볼 수 있는 '전통침' 입니다. 이 식물은 곤충을 잡기 위해서 잎사귀 끝에 물조리같이 생긴 자루를 달고 있습니다. 이 자루의 가장자리는 꽃처럼 붉은색을 띠고, 그 입구에는 꿀을 내는 샘이 있습니다.

그런가 하면 '끈끈이주걱' 이라는 식물은 곤충을 유인해 끈끈이를 다리나 날개에 묻혀서 도망가지 못하게 한 다음 잡아먹습니다.

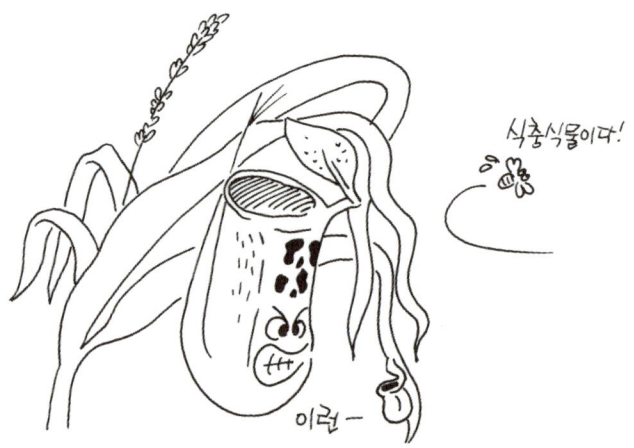

꿀벌은 인공위성보다 정확해!

봄부터 가을까지 꿀벌은 늘 바쁘게 움직입니다. 꽃을 찾아다니며 꿀을 모으느라 그렇지요. 그런데 꿀벌은 벌집에서 먼 곳까지 날아가 꿀을 따다가 자기 벌집으로 정확하게 돌아온다고 합니다.

그런데 지도나 나침반도 없이 어떻게 집을 찾아오는 걸까요?

놀라지 마세요. 꿀벌은 태양의 위치와 각도로 벌집의 거리를 정확하게 알아냅니다. 또한 꿀벌은 흐린 날에도 구름 사이로 비치는 태양의 자외선을 볼 수 있기 때문에 이를 이용해 태양의 위치를 정확하게 알아낸다고 합니다.

꿀벌은 꿀을 따기 위해 집을 나올 때 집 근처에서 제자리를 몇 번 도는데, 이것이 바로 태양의 각도를 재기 위한 행동이랍니다.

 꿀벌의 수명

꿀벌은 10일쯤 꿀을 따러 다닌 다음 20일쯤은 새끼를 키우거나 집을 만들고 짧은 일생을 마친답니다.

8장 동물들의 놀라운 초능력

아이아이들
ⓐ호기심파일

히말라야를 넘는 학

히말라야 산맥은 세계에서 가장 높은 산봉우리들을 가지고 있어서 '세계의 지붕'이라고 부릅니다. 모든 탐험가들이 오르고 싶어 하지만 높고 험하여 아무나 오르지 못한다고 합니다.

그런데 히말라야에 사는 학은 겨울을 따뜻한 남쪽 인도의 갠지스 강에서 생활하기 위해 히말라야의 다울라기리 봉우리를 넘는다고 합니다. 다울라기리 봉은 최고 8,000여 미터에 이르는 높은 봉우리입니다.

너 때문에 못 날잖아!
미안해…

히말라야 학이 다울라기리 봉을 넘기 위해 제일 먼저 하는 일은 먹이를 먹지 않는 거랍니다. 철새의 경우, 먼 거리를 날아가기 위해 영양가 있는 먹이를 많이 먹어 둔다고 하는데 이 학은 왜 먹지 않는 걸까요?

그 이유는 너무 살이 찌면 다울라기리 봉을 넘다가 무게를 이기지 못해 눈덮인 산으로 떨어지기 때문이래요. 바싹 마른 가벼운 학만이 수천 미터의 다울라기리 봉을 넘어 제트기류를 타고 따뜻한 갠지스 강에 도착하여 겨울을 보낼 수 있다는군요.

수달은 자기 똥으로 뭘 하지?

전서구의 비밀

전서구란 편지를 전달하도록 훈련된 비둘기를 말합니다. 비둘기가 편지를 전할 수 있는 것은, 비둘기가 가진 강한 '귀소본능'과 뛰어난 '방향 감각' 덕분입니다. 귀소본능은 자기 집으로 돌아가려는 강한 본능을 말합니다. 이것에 대해 아직도 정확하게 밝혀지지는 않았습니다. 다만 최근의 연구에 따르면, 새들은 태양의 위치를 알아내는 능력과 '체내시계'가 있어서 길을 찾아가는 것이라고 합니다.

비둘기를 서울의 남산에서 날려 보내면, 제일 먼저 하늘 높이 원을 그리면서 태양의 높이를 확인합니다. 남산은 약간 북쪽에 있어서 태양의 위치가 낮아 보이는데 이것을 기억해 두기 때문에 방향을 잃지 않고 돌아올 수 있다는 것입니다.

이 때 비둘기가 서울의 남산을 떠난 시각을 알 수 있는 것은 '체내시계' 때문입니다. 이것은 생물들이 활동하고 휴식하는 것 등을 알게 하는 몸 속에 있는 시간 측정 기구라고 알려져 있습니다.

잉꼬나 앵무새는 말을 할 수 있대요

잉꼬나 앵무새는 사람의 말을 잘 흉내냅니다. 그래서 똑같은 말을 반복하는 사람을 '앵무새 대답'이라고 한다나요? 앵무새는 짧은 단어밖엔 흉내를 못 내지만, 잉꼬는 긴 단어도 잘 따라한답니다.

그 밖에 구관조도 말을 잘 따라합니다. 까마귀, 찌르레기, 어치는 짧은 단어를 잘 흉내내고, 때까치는 다른 새의 울음소리를 흉내낸다고 하네요. 이처럼 흉내를 잘 내는 새는 뇌 속에 있는 중추 신경이 특히 발달되어 있다고 합니다. 새가 소리를 흉내낼 때는 얼굴을 갸웃거리는데, 어쩌면 그 소리를 주의 깊게 듣고 기억하기 위해서일지도 몰라요.

박쥐는 초음파 레이더가 있대요

박쥐는 어두운 동굴에서 살면서 밤에만 활동하는 야행성 동물입니다. 박쥐는 밤이 되면 동굴 속에서 떼지어 나와 먹이를 찾습니다. 그런데 캄캄한 밤중에 어떻게 먹이를 찾아낼까요?

박쥐가 내는 소리를 측정해 보았더니 20~130만 킬로헤르츠에 달하는 초음파인 것을 알 수 있었습니다. 이것은 사람이 들을 수 없는 소리입니다. 사람은 약 2만 헤르츠까지 들을 수 있기 때문이지요. 박쥐가 초음파를 발사하면 날아다니는 곤충이나 장애물에 부딪쳐 박쥐의 귀로 되돌아옵니다. 그러면 박쥐는 보지 않고도 장애물이 어디에 있는지, 먹잇감은 어디에 있는지 알아낼 수 있다는 것입니다. 그래서 이것을 확인하기 위해 실험을 해 보았습니다. 박쥐의 눈을 가린 채 철사 같은 장애물을 설치해 놓고 날려 보냈습니다. 그랬더니 박쥐는 조금도 방해를 받지 않고 날아다녔다고 합니다.

이 놀라운 박쥐의 초음파를 응용하여 만든 것이 바로 '레이더'입니다. 레이더는 배나 비행기 등이 캄캄한 밤이나 눈·비가 내릴 때도 안전하게 길을 찾아갈 수 있도록 해 주었습니다.

솔개의 먹이 찾기 실력은?

솔개는 하늘에서 원을 그리며 날다가 먹이를 발견하면 쏜살같이 내려와서 예리한 발톱으로 움켜잡는 날쌘 사냥꾼이에요. 그런데 하늘에 높이 떠서도 땅에 있는 조그만 쥐 따위를 용케 알아봅니다. 매나 독수리는 사람의 20배나 시력이 발달되어 있다고 합니다. 눈이 좋다는 것은 시각이 발달되었다는 것이고, 눈의 망막에 신경이 잘 배열되어 있기 때문이랍니다.

8장 동물들의 놀라운 초능력

새롬이의 호기심 파일

고향을 찾아오는 연어

새롬이는 매년 10월 초 강원도 양양군 남대천에서 열리는 연어잡이 행사에 참여했습니다. 새롬이 키만한 연어들이 알을 낳기 위해 떼를 지어 남대천 상류로 올라가는 것을 중간에서 그물을 쳐서 잡았습니다.

물론 잡은 연어는 알을 채취하고는 집으로 가져가도 된답니다. 채취된 연어의 알은 남대천 상류에 있는 연어 산란장에서 부화시킨 뒤, 봄에 치어(알에서 깬 지 얼마 안 되는 물고기)로 방류합니다.

남대천에서 방류된 연어의 치어는 동해 바다로 나가 태평양까지 길고 먼 여행을 떠납니다. 그 곳에서 다 자라면 다시 남대천으로 알을 낳기 위해 강물을 거슬러 올라오는 것입니다.

새롬이는 어떻게 수천 킬로미터의 태평양까지 갔다가 알을 낳기 위해 다시 자신이 태어난 강으로 돌아오는지 그게 궁금했습니다.

과연 연어는 어떻게 자기가 태어난 고향으로 정확하게 돌아올 수 있는 걸까요?

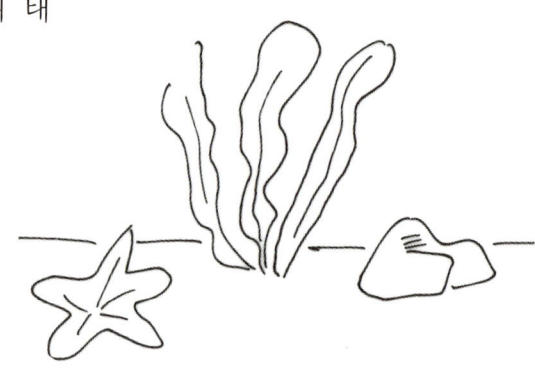

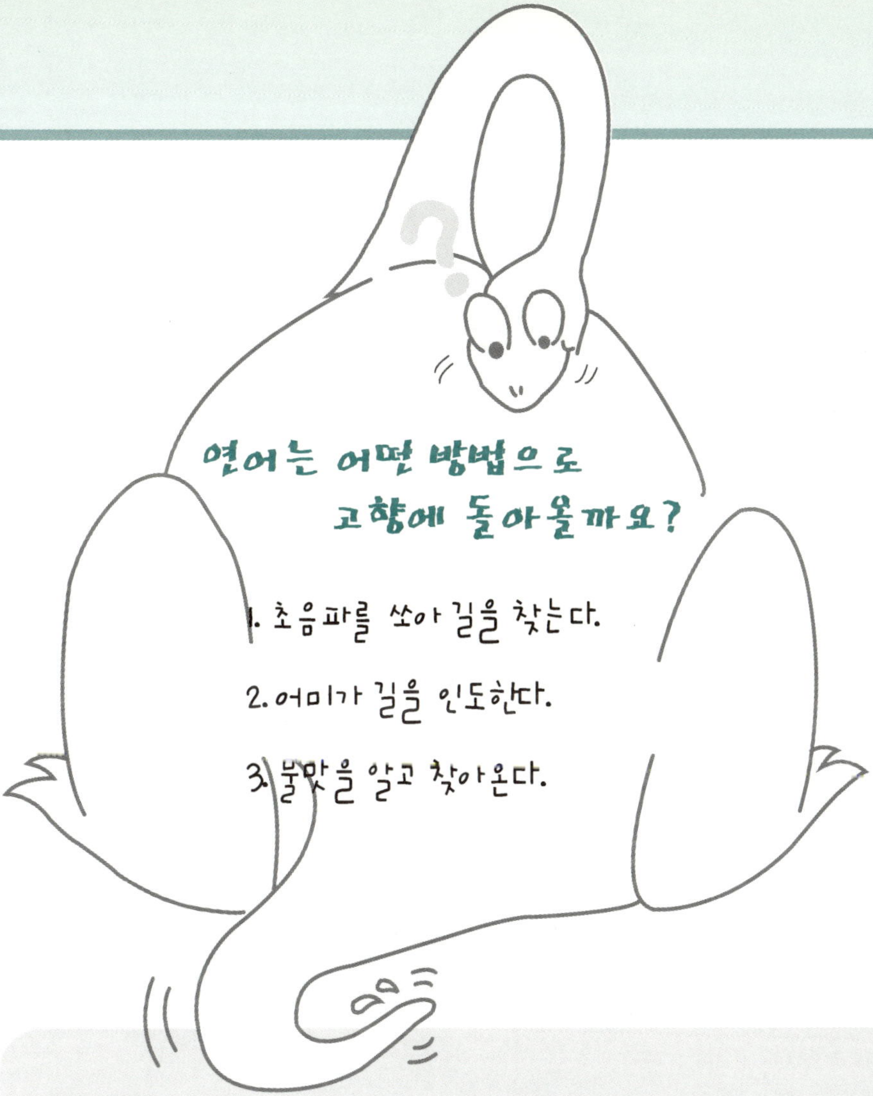

연어는 어떤 방법으로 고향에 돌아올까요?

1. 초음파를 쏘아 길을 찾는다.
2. 어미가 길을 인도한다.
3. 물맛을 알고 찾아온다.

연어는 자신이 태어나 처음 물맛을 본 장소로 돌아오는 것으로 알려졌습니다. 연어는 자신이 태어난 장소에 돌아와 산란 장소를 정한 뒤 알을 낳고는 그 자리에서 죽습니다. 수컷도 암컷이 낳은 알에 정자를 뿌리고는 힘없이 죽습니다. 연어는 알을 낳고는 생을 마감한답니다. 그 알은 봄에 치어로 태어나 바다로 나갔다가 성어가 되어 다시 고향으로 돌아오는 것이지요. 이러한 물고기를 회귀성 어류라고 하는데 대표적인 물고기로는 연어, 은어 등이 있습니다.

정답 : 3

8장 동물들의 놀라운 초능력

치타가 빨리 달릴 수 있는 비결은?

포유 동물 중에서 가장 빨리 달리는 동물은 치타로 알려져 있습니다. 이 동물은 아프리카 초원이나 사바나라 부르는 목초지가 있는 북아프리카와 인도 북부에 걸쳐 살며 사슴이나 얼룩말을 잡아먹습니다.

치타가 시속 110~120킬로미터로 달릴 수 있는 것은 몸이 날씬하기 때문인 것 같습니다. 게다가 등뼈, 즉 척추가 부드럽게 휘어져 달리기 전에 등을 잔뜩 구부리고 출발하기 때문에 온몸의 힘으로 달릴 수 있답니다.

그런데 치타의 사냥 실력은 별로라니 왜 그럴까요?

치타는 몸집이 날렵하고 아주 빠르지만, 오래 뛰지를 못한대요. 왜냐하면 오래 버틸 힘이 없기 때문에 보통 500~800미터밖엔 뛰지 못합니

다. 사슴이나 얼룩말은 시속 80킬로미터의 속도로 오래 달릴 수 있기 때문에 어느 정도 거리만 두면 거의 잡히지 않습니다. 그래서 치타는 느리고 오래 달리지 못하는 어린 동물들을 사냥감으로 정한대요.

고양이가 높은 곳에서 떨어져도 똑바로 설 수 있는 까닭은?

고양이는 몸의 균형을 잡는 기관이 잘 발달된 예민한 동물입니다. 고양이의 귓속 고막 안쪽에는 '반규관' 이라고 하는 기관이 있습니다. 이 반규관이 몸의 균형을 바르게 잡아 주는 것입니다. 그래서 높은 곳에서 뛰어내려도 다치지 않고 안전하게 내려 설 수 있는 거지요.

그러나 개나 토끼를 높은 곳에서 내던지면 절대 안됩니다. 곤두박질쳐서 큰 부상을 입게 된답니다.

죽음을 미리 아는 코끼리

코끼리에 대한 이야기는 신비한 내용이 참 많습니다. 늙은 코끼리는 자기의 죽음을 예감한답니다. 그래서 죽을 때가 되면 무리를 떠나 죽을 장소로 간다고 합니다. 그런데 그 장소는 아무도 모른답니다. 가끔 밀렵꾼들이 코끼리 무덤을 발견해 상아를 팔아서 부자가 되었다는 이야기도 있습니다. 그리고 코끼리는 길을 가다가 동료의 죽음을 보면 며칠이고 슬퍼하며 자리를 떠나지 않는다고 합니다. 그러다가 사자나 치타의 죽은 새끼를 만나면 달려들어 짓밟고 코로 감아 내던지며 분풀이를 한다고 해요.

코끼리는 아직도 알려지지 않은 비밀이 많은 신비로운 동물이랍니다.

코끼리는 가뭄 때 샘을 어떻게 찾을까?

땅 위의 모든 것들을 태워 버릴 것 같은 아프리카의 무더운 여름, 호수도 말라 물고기들도 죽고, 악어는 기진맥진합니다. 초원의 목마른 짐승들은 호숫가에 물을 마시러 왔다가 그대로 쓰러져 죽고 맙니다.

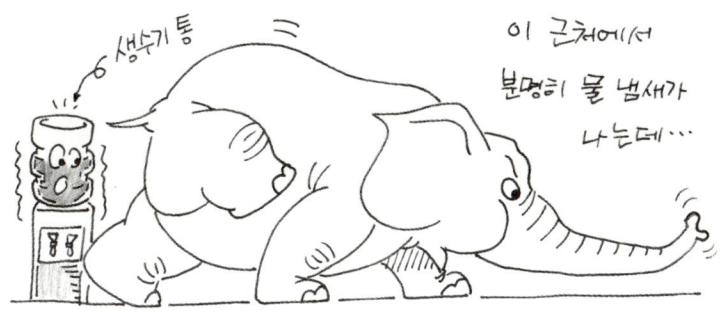

   한 떼의 코끼리 무리가 먼 길을 걸어서 호숫가에 다가왔지만 물 한 모금 먹지 못하고 그냥 어디론가 돌아갑니다.

   그런데 아주 나이든 코끼리 한 마리가 코를 땅에 대고는 흙먼지를 일으키며 돌아다니고 있지요. 다른 코끼리들은 멀리서 그냥 구경만 하고 있습니다.

   이윽고 나이든 코끼리는 무슨 소리를 지르며 땅을 코와 어금니로 파기 시작합니다. 그리고 얼마 후 그 곳에는 물이 솟아오르고 커다란 웅덩이가 되어 코끼리들이 마른 목을 채운답니다.

   아직까지 코끼리가 메마른 초원에서 어떻게 샘을 찾아내는지는 밝혀지지 않고 있습니다.

 초원의 오아시스

   코끼리가 파놓은 웅덩이는 초원에서 살아가는 동물들에겐 귀중한 오아시스가 됩니다. 강한 짐승이나 약한 짐승이나 모두 이 웅덩이에 와서 마른 목을 축이며 비가 올 때까지 생명을 이어간답니다.

도마뱀은 꼬리를 잘려도 살 수 있을까?

도마뱀은 적에게 공격을 받아 위험에 처하게 되면 제 꼬리를 떼어 버리고 도망갑니다. 이 때 떼어 버린 꼬리가 꿈틀꿈틀 움직이니까 적은 그것을 노리고 덤벼듭니다. 도마뱀은 그 사이에 안전한 곳으로 피신하는 것이지요.

도마뱀이 꼬리를 떼어 버리는 것은 일종의 방어 수단입니다. 도마뱀은 꼬리가 잘려 나가도 금세 새 꼬리가 다시 생겨난답니다. 그러니 너무 걱정하지 않아도 되겠지요.

카멜레온은 왜 색이 변할까?

내가 만일, 때와 장소에 따라 몸의 색을 바꿀 수 있다면? 상상만 해도 즐겁지 않나요? 동물 중에는 마음대로 몸의 색을 바꾸는 것이 있대요. 바로 카멜레온이지요.

카멜레온과에 속한 도마뱀을 통틀어 카멜레온이라고 합니다. 크기는 보통 20~60센티미터에서 3센티미터밖에 안 되는 작은 것도 있지요.
  카멜레온은 원래 옅은 초록색의 몸 빛깔을 띠고 있습니다. 카멜레온의 가장 겉에 있는 살갗은 유리와 같이 투명하며 그 바로 밑에 노랑·빨강·검정의 색소를 갖고 있는 세포층이 있지요. 카멜레온은 감정의 변화나 주위의 온도, 밝기에 따라 이 세포층이 부풀고 오므라들면서 몸 색깔이 변하게 됩니다. 동작이 매우 느린 카멜레온에겐 몸 색깔을 바꿀 수 있는 변덕쟁이가 된 게 퍽 다행이랍니다. 적으로부터 자신을 보호할 수 있으니까요.

뱀이 자신보다 큰 먹이를 삼키는 비결은?

  비단뱀은 다 자라면 몸길이가 6~8미터가 됩니다. 하지만 입은 별로 크지 않은데도 제법 큰 동물을 삼켜 버립니다. 구렁이나 살무사는 어린 산토끼나 쥐를 삼키고, 맹독을 가진 반시뱀은 큰 산토끼도 삼킨다고 합니다. 인도에서는 자고 있던 아기가 비단뱀에게 먹힌 일도 있었다고 합니다.
  뱀이 큰 동물을 삼킬 수 있는 것은 위턱과 아래턱이 관절로 되어 있지 않아, 마음껏 크게 입을 벌릴 수 있기 때문입니다. 그리고 아래턱 중앙에는 아래턱을 마음껏 잡아당길 수 있는 강한 근육이 있기 때문입니다.

반면, 사람의 입은 위턱과 아래턱이 관절로 되어 있어 어느 정도밖에는 벌어지지 않습니다.

동물기네스

지금까지 잡힌 가장 긴 뱀은?

- 아나콘다 : 9미터
  (아마존 정글에는 15미터짜리 아나콘다가 있다고도 함)
- 그물코비단뱀 : 9미터, 90센티미터(인도 밀림 지역)
- 아프리카 비단뱀 : 7.5미터
- 한국 구렁이 : 1.5미터

산양은 20미터 절벽에서 뛰어내려도 끄떡없대요

산양은 성질이 고집스러워 살던 곳에서 멀리 떠나지도 않습니다. 한번 자리잡은 곳에서 거의 죽을 때까지 살며, 이동하는 경우가 드물답니다.

산양은 다른 동물들과 달리 발바닥이 생고무질처럼 되어 있어서 바위에 딱 붙을 수 있습니다. 그래서 바위를 잘 탈 수 있는 거랍니다. 게다가 위험을 느낄 때에는 두려움 없이 20미터 이상의 절벽 아래로 뛰어 내립니다. 그래도 다리 하나 부러지지 않고 안전하답니다.

혼자 생활하는 것을 좋아하는 산양은 외롭지만 이 발바닥 하나 때문에 위험에서 벗어나 자유롭게 살고 있는 것이지요.

전 세계를 다 뒤져도 산양은 다섯 종류밖에 없는 희귀 동물입니다. 우리 나라에도 한 종류가 살고 있는데 1,000미터 이상의 높은 바위산에 살고 있습니다. 천연기념물 제217호로 지정되어 있는 멸종 위기의 동물입니다.

산양의 서식지를 살펴보면 북쪽으로는 비무장 지대의 저지대에 10여 가족 집단이 살고 있으며 남쪽으로는 경남 울진의 통고산까지 살고 있는 것으로 확인되었습니다. 남한과 북한을 합쳐 약 600여 마리가 살고 있는 것으로 알려져 있습니다.

암컷이 죽으면 수컷이 암컷으로 변해요

흰동가리는 우리 나라 남해안과 일본, 필리핀, 동인도 제도, 아프리카

동쪽 연안 등의 따뜻한 바다에서 사는 물고기입니다. 흰동가리의 몸길이는 약 15센티미터 정도이며, 생김새는 납작한 타원형으로 옆구리에 흰색 가로띠가 몇 줄 나 있습니다. 흰동가리는 해안의 암초 사이에서 살며 말미잘의 촉수(감각을 느끼고 먹이를 잡는 역할을 하는 기관) 안에 들어가 서로 도우며 함께 산답니다. 이 때 말미잘의 촉수에서 독침이 나오는데 흰동가리는 이것에 쏘여도 면역이 생겨 안전합니다.

그런데 흰동가리에게는 더욱 놀라운 능력이 있대요.

보통 한 말미잘에 흰동가리 암컷과 수컷 한 쌍이 새끼들을 데리고 삽니다. 그러다가 갑자기 암컷이 죽게 되면 수컷이 암컷으로 변하여 알을 낳게 됩니다. 그 까닭은, 흰동가리는 알의 숫자도 적은데다 암컷 새끼가 자라서 어른이 되려면 약 2개월이 걸리며, 그 암컷이 알을 낳으려면 또 시간이 걸립니다. 그러는 동안 번식을 멈추고 기다리고만 있을 수 없기 때문에 수컷이 암컷으로 변해 새끼를 낳는 거래요. 흰동가리의 놀라운 생존 방법인 셈이죠. 만일 사람도 아빠가 아기를 낳는다면???

 **성전환하는 물고기**

청소놀래기도 흰동가리와 마찬가지로 스스로 성전환을 하여 자손을 번식시키는 놀라운 지혜를 발휘하고 있습니다. 수컷에서 암컷으로 되는 물고기들이 많습니다.

더우면 수컷, 추우면 암컷

늪 지대의 무법자, 악어도 자식 사랑은 끔찍하답니다. 악어는 늪 지대의 얕은 모래나 땅 속에 8월에서 10월 사이에 20~30개 정도의 알을 낳습니다. 이렇게 낳은 알을 지키기 위해 하루에도 몇 번씩 물 속과 육지를 오갑니다.

이윽고 새끼가 태어나면 어미는 물가로 보내기 위해 큰 몸을 움직여, 다른 곳으로 가려는 새끼를 막느라 땀을 뻘뻘 흘립니다. 새끼가 육지로 갔다가는 죽음뿐이지요. 물가로 방향을 잡고 간다고 해도 위험에서 완전히 벗어난 것은 아니에요. 물가로 가는 동안에 악어 새끼는 새들에게 잡아먹히기도 한답니다.

그런데 악어의 알은 온도에 따라 암컷과 수컷이 달라진대요. 알의 온도가 높은 곳에서는 수컷이 나오고, 낮은 온도에서는 암컷이 나온다니 정말 놀랍지요?

대부분 파충류들은 이처럼 온도에 따라 암수가 결정된대요.

 거북은 악어와 반대로 따뜻한 곳의 알은 암컷, 그늘진 곳의 알은 수컷으로 태어난대요.

8장 동물들의 놀라운 초능력

번개 검색!

독수리 • 118
돌고래 • 35
딱따구리 • 122

〈ㅁ〉
말발굽 • 144
망구스 • 98
머리카락 • 23
메기 • 55
모기 • 168, 169
무당벌레 • 65
문어 • 44
물자라 • 52

〈ㅂ〉
바다거북 • 38
바퀴벌레 • 167
박쥐 • 178
반달가슴곰 • 92
방울뱀 • 102
배설물 • 24
백곰 • 96
뱀 • 73~75, 187
병아리 • 141
부엉이 • 119
북극곰 • 96
불사조 • 116
비둘기 • 176
뻐꾸기 • 120
뿔 • 15

〈ㅅ〉
사자 • 90
산양 • 188
상아 • 79
상어 • 37
새 • 109~131

소 • 145
소금쟁이 • 67
솔개 • 179
송사리 • 53
수달 • 48
스컹크 • 15
시조새 • 110
식충 식물 • 174

〈ㅇ〉
악어 • 107, 109, 191
앵무새 • 177
얼룩말 • 84
연어 • 180
열목어 • 56
염분 • 20
염소 • 137
오리 • 142
오스트레일리아 • 28
오징어 • 44
올빼미 • 119
왕새우 • 43
유대류 • 28
원숭이 • 85~88
잉꼬 • 114, 177
잉어 • 55

〈ㅈ〉
잠자리 • 13
전서구 • 176
전기뱀장어 • 172
제비 • 127~129
족제비 • 49
쥐 • 166
지렁이 • 68
진돗개 • 154
진화 • 26

〈ㅊ〉
참새 • 129
철새 • 124, 126
청개구리 • 72
초음파 • 178
최면 • 16
치타 • 182
칠면조 • 146
침팬지 • 27

〈ㅋ〉
카멜레온 • 186
캥거루 • 106
코끼리 • 78~81
코브라 • 98, 99
코뿔소 • 81
코알라 • 105

〈ㅌ〉
타조 • 112
털갈이 • 25
토끼 • 134, 135

〈ㅍ〉
파리 • 168
팬더 • 95
펭귄 • 96, 97
풍산개 • 154

〈ㅎ〉
하루살이 • 63
하마 • 107
호랑이 • 90
흰개미 • 102
흰동가리 • 189
히말라야 학 • 176

〈ㄱ〉
개 • 150~158
개구리 • 70~72
개똥벌레 • 64
개미핥기 • 102
거미 • 66
게 • 45
겨울잠 • 55
고래 • 32~36
고릴라 • 89, 90
고양이 • 160~164
곤충 • 29
곰 • 94
공룡 • 12
공작새 • 131
귀뚜라미 • 65
기린 • 82, 83
까마귀 • 117
꼬리 • 22
꿀벌 • 58, 59, 175

〈ㄴ〉
나비 • 60~62
낙타 • 103

〈ㄷ〉
달팽이 • 67
닭 • 138, 144
달걀 140
도마뱀 • 186

아이아이들 www.iidle.co.kr